Teaching Guide

EASY ENGLISH

A 1.1

von	Michaela Rübner
Beratende Mitarbeit	Astrid Hornoff
	Monika Rycken

Easy English A1.1 *Teaching Guide* Handreichungen für den Unterricht mit Kopiervorlagen

Im Auftrag des Verlages erarbeitet von Michaela Rübner, Heroldsberg

Beratende Mitarbeit Astrid Hornoff, Leipzig
Monika Rycken, Kleve

Redaktion Kathrin Köller, Lena Posingies

Redaktionelle Mitarbeit Menemsha MacBain

Bildredaktion Uta Hübner, Menemsha MacBain

Projektleitung Murdo MacPhail

Umschlaggestaltung SOFAROBOTNIK GbR, Augsburg & München

Layout und technische Umsetzung Sabine Theuring, Berlin

Illustration Christian Bartz, Berlin, Rosemarie Schöningh, Hamburg

Zu den vorliegenden Handreichungen für den Unterricht sind auch erhältlich:
Kursbuch mit 2 CDs, Phrasebook und Video-DVD ISBN 978-3-06-520805-5
Kursleiterpaket: Kursbuch Kursleiterfassung mit 2 CDs, Phrasebook und Video-DVD ISBN 978-3-06-520806-2

www.cornelsen.de

Die Links zu externen Webseiten Dritter, die in diesem Lehrwerk angegeben sind, wurden vor Drucklegung sorgfältig auf ihre Aktualität geprüft. Der Verlag übernimmt keine Gewähr für die Aktualität und den Inhalt dieser Seiten oder solcher, die mit ihnen verlinkt sind.

1. Auflage, 1. Druck 2013

© 2013 Cornelsen Schulverlage GmbH, Berlin

Das Werk und seine Teile sind urheberrechtlich geschützt. Jede Nutzung in anderen als den gesetzlich zugelassenen Fällen bedarf der vorherigen schriftlichen Einwilligung des Verlages. Hinweis zu den §§46, 52 a UrhG: Weder das Werk noch seine Teile dürfen ohne eine solche Einwilligung eingescannt und in ein Netzwerk eingestellt oder sonst öffentlich zugänglich gemacht werden. Dies gilt auch für Intranets von Schulen und sonstigen Bildungseinrichtungen.

Druck: Stürtz GmbH, Würzburg

ISBN 978-3-06-520481-1

 Inhalt gedruckt auf säurefreiem Papier aus nachhaltiger Forstwirtschaft.

Einführung

Herzlich willkommen zu EASY ENGLISH!
Der *Teaching Guide* zu EASY ENGLISH begleitet Sie sicher durch Ihren Unterricht. Hier werden die Aufgaben in den Units Schritt für Schritt erläutert und durch wertvolle *teaching tips* ergänzt. Außerdem finden Sie Hinweise für eine effektive Unterrichtsplanung und für sicheres, erfolgreiches Unterrichten. Übungsvarianten und Erweiterungen sorgen für Abwechslung und ein Ideenpool mit zusätzlichen Übungen ergänzt das Kursbuchangebot.
Für zusätzliche Wiederholungen und landeskundliche Informationen eignen sich folgende Seiten:
SUMMARY (Zusammenfassung des Gelernten)
FACTS & FUN (Landeskunde und spielerische Aktivität)
EXTRA PRACTICE (Zusatzübungen)
MAGAZINE (Nützliches und Ungewöhnliches aus der englischsprachigen Welt)

Der *Teaching Guide* wird mit Anregungen zur Differenzierung sowie mit Ideen für den Einsatz der EASY ENGLISH Videos im Unterricht abgerundet. So steht EASY ENGLISH für *easy teaching* – mit Abwechslung und Spaß, Erfolg und Sicherheit – für Sie und Ihre Lernenden!

Wo finde ich was?
Am Anfang des *Teaching Guides* geben wir Ihnen einige *teaching tips* zur allgemeinen Unterrichtsgestaltung mit EASY ENGLISH.

Jede *Unit* beginnt mit einem Überblick über die Lernziele, die Grammatik und die Kopiervorlagen. Sollten Sie zusätzliches Material benötigen, finden Sie einen Hinweis unter „Materialien". Hier geben wir Ihnen auch Anregungen, welche Kopiervorlage in Verbindung mit der *Unit* besonders geeignet ist.
Grundsätzlich beginnt jede *Unit* mit einem *starter*, der Sie und Ihre Lernenden auf das Thema der *Unit* einstimmt. Selbstverständlich gibt Ihnen der *Teaching Guide* zu jeder Übung praktische Vorschläge und Tipps sowie Hinweise zur Einführung neuer Grammatik oder neuen Wortschatzes. Lösungen und Hintergrundinformationen sowie Verweise auf die *teaching tips* helfen Ihnen beim sicheren Unterrichten und runden Ihre Vorbereitungen ab. Vorschläge für Tafelbilder finden Sie in der Randspalte. Am Ende jeder *Unit* finden Sie Hinweise auf mögliche Hausaufgabenstellungen. Mit „Teilnehmer" sind immer männliche und weibliche Lernende gemeint.

Symbole
- Höraufgabe
- Hinweis auf geeignete Kopiervorlage (am Ende des *Teaching Guides*)
- Hinweis auf Gruppenarbeit
- Hinweis auf eine Partnerübung
- geschätzte Zeitangabe zur Übungsdauer (zu Erleichterung der Unterrichtsplanung)

Viel Spaß und Erfolg mit EASY ENGLISH wünscht Ihnen Ihr Cornelsen-Team!

Inhalt

Teaching tips		4
Unit 1	Good to meet you!	6
Unit 2	This is …	12
Unit 3	Cheers!	18
Unit 4	An espresso, please!	27
Unit 5	Consolidation	35
Unit 6	Let's keep in touch	42
Unit 7	Have a good flight!	50
Unit 8	What's the town like?	57
Unit 9	It's a great place!	64
Unit 10	Consolidation	73
Unit 11	Enjoy your meal!	80
Unit 12	I sing in the bath	87
Unit 13	How much is it?	95
Unit 14	Where does she live?	102
Unit 15	Consolidation	110
Kopiervorlagen		117

TEACHING TIPS

Sprache	Das Verwenden der Zielsprache steht natürlich an erster Stelle, dennoch sollten Sie Ihre Teilnehmer anfangs nicht zu sehr überfordern. Halten Sie Ihre Sätze einfach und unterstreichen Sie das Gesagte durch Gesten, um die Bedeutung zu demonstrieren.
Authentisches Material, realistische Situationen	Bringen sie authentisches Material mit – z. B. eine englische Speisekarte. ‚Echte' Dinge, z. B. Verpackungen und Geldscheine beim Thema Einkauf, helfen, neue Wörter einzuführen oder Situationen realistischer zu machen.
Reading and Listening	Machen Sie Ihren Teilnehmern immer wieder deutlich, dass sie bei Lese- oder Hörtexten nicht jedes Wort verstehen müssen. Es gibt immer eine konkrete Aufgabe, auf die sich die Teilnehmer zunächst konzentrieren können. Spielen Sie die Hörübungen zwei- oder dreimal vor bzw. erlauben Sie, den Text zweimal zu lesen. Ggf. splitten Sie einen Text in zwei oder drei Abschnitte. Geben Sie einzelne, schwierige Wörter vor oder bringen Sie, soweit möglich, Sachen, die im Text vorkommen, mit, um sie z. B. während des Hörens zu zeigen.

Paar- und Gruppenbildung

Finde deinen Partner
Teilnehmer finden ihren Partner durch das passende Gegenstück, gleiche Farbe, zusammengehörende Satzteile etc.

1. Bilder, Postkarten und Farben:
   - Für eine Gruppe mit bis zu vier Teilnehmern zerschneiden Sie ein Bild in zwei bis vier Teile.
   - Teilen Sie Farbkarten/bunte kleine Kugeln/Spielfiguren/Bauklötze/Legosteine aus; Anzahl einer Farbe variiert je nach gewünschter Gruppengröße, z. B. 7er Gruppe = 7 x rot
   - Gummibärchen, Schokobällchen/Schokolinsen, Ostereier werden in verschiedenen Farben verteilt, auch hier bestimmt die Gruppengröße die Farbhäufigkeit.
2. Sätze bilden, Wortpaare finden, Begriffe zuordnen:
   - Zerschneiden Sie Sätze in zwei oder drei Teile für eine Zweier- oder Dreiergruppe.
   - Wortteile getrennt verteilt, z. B. *orange / juice*, helfen bei Bildung einer Zweiergruppe, das dazu passende Verb als Ergänzung *drink* ergibt eine Dreiergruppe.
3. Unterschiedlich große Gruppen:
   Wenn die Anzahl der Gruppenmitglieder nicht so wichtig ist, sind die Schuhgröße, der Anfangsbuchstabe des Namens oder das Tragen gleicher Kleidungsstücke weitere Optionen.
4. Abzählen
   Ein Teilnehmer beginnt mit der Zahl 1, der Nachbar benennt die nächste Zahl (2). Für z. B. vier Gruppen zählen die Teilnehmer der Reihe nach von 1–4, solange, bis jeder Teilnehmer eine Zahl hat. Alle Vierer, Dreier, Zweier und Einser gehen zusammen in eine Gruppe.

Drama in the classroom und Rollenspiele

Beides macht das Sprachenlernen spannend und motiviert die Teilnehmer. Diese Form des Lernens entspricht nahezu jedem Lernertyp, da alle Sinneskanäle beteiligt werden: Sehen, Hören, Bewegen, Fühlen. Was können Sie im Unterricht dafür tun?
- Stellen Sie Tische, z. B. beim Thema *Pub*, zu einer Art Theke zusammen.
- Lassen Sie Dialoge mit leicht übertriebenen Gesten und Betonung nachspielen. Geben Sie Gefühle vor, die beim Lesen des Dialogs berücksichtigt werden sollen: verliebt, ärgerlich, fröhlich, verängstigt, ironisch etc.

- Geben Sie die Art und Weise an, wie ein Text vorgelesen werden soll: laut und deutlich, flüsternd (im Café), etc.
- Lassen Sie Situationen pantomimisch darstellen, z. B. beim Begrüßen mit der Hand winken.

Bewegung – Bewegungsmuffel	Es heißt, das Gehirn lernt beziehungsweise speichert viel mehr, wenn man etwas mit viel Begeisterung macht – und sich dabei bewegt. Ermutigen Sie Ihre Teilnehmer mit großen, auffordernden Gesten, Übungen mit Bewegung zu verbinden.
Wortschatzarbeit	Das Schreiben neuer Wörter an die Tafel hilft den Teilnehmern bei der Rechtschreibung und Worterkennung. Wortschatzspiele bieten Abwechslung und frischen Vokabeln auf. Spielen Sie am Anfang einer Stunde z. B. *Hangman* (Galgenmännchen) ganz gezielt mit dem Wortschatz der vorangegangenen Unit. Rätsel machen Spaß und festigen das Gelernte. Kreieren Sie ein Rätsel für Ihre Teilnehmer – abgestimmt auf den bisherigen Wortschatz
Spiele	Demonstrieren Sie ein neues Spiel und vermeiden Sie lange Erklärungen. Greifen Sie auf bekannte Spiele zurück, wie z. B. Bingo. Helfen Sie, aber unterbrechen Sie nicht: Notieren Sie Fehler und besprechen Sie sie im Anschluss.
Belohnung	Halten Sie z. B. Bonbons, einzeln verpackte Teebeutel, getrocknete Früchte oder Schokolade als Belohnung bzw. Siegerprämie bei Spielen bereit. Auch ein Applaus der gesamten Klasse ist eine schöne Belohnung.
Zur Arbeit mit den Videos	Es gibt zahlreiche Möglichkeiten, mit den Videos zu arbeiten:

Vor dem Schauen:
– Zeigen Sie Bilder, die der Thematik des Videos entsprechen. Sprechen Sie darüber.
– Schreiben Sie wichtige Wörter vorab an die Tafel. Erklären Sie diese oder lassen Sie sie erklären. Ordnen Sie den Wörtern Bilder zu.
– Stellen Sie den Teilnehmern einfache Fragen zum Thema, z. B. *Do you like …?*

Schauen Sie den Film ‚Step by Step':
1. Zeigen Sie das Video ohne Untertitel. Wie viel wurde verstanden oder konnte erahnt werden? Schreiben Sie Stichpunkte mit.
2. Zeigen Sie den Film mit englischen Untertiteln und ergänzen Sie die Informationen.
3. Zeigen Sie den Film mit deutschen Untertiteln, um das Verstandene zu überprüfen.
   Bei Videos mit viel unbekanntem Text können Sie die Reihenfolge auch ändern und zuerst mit den deutschen Untertiteln beginnen.

Varianten:
– Zeigen Sie das Video ohne Ton und stellen Sie Ihren Teilnehmern einfache Fragen, wie z. B. *How many signs can you see? Where is it? What colours do you see?*
– Zeigen Sie den Film und stellen Sie Aufgaben dazu, z. B. *How many (people, animals, flowers….) are there?*

Nach dem Schauen:
– Ihre Teilnehmer beantworten Fragen zum Video.
– Ihre Teilnehmer schlüpfen in die Charaktere und spielen die Dialoge/Gespräche nach.
– Die Teilnehmer lösen die Aufgabe zu den Videos im Kursbuch (ab S. 132).

UNIT 1 — GOOD TO MEET YOU!

Good to meet you!

Lernziele	• Jemanden begrüßen • Sich vorstellen • Fragen und sagen, woher man kommt
Grammatik	• Die Gegenwart von *be*: am, are, is • Die Kurzformen *I'm, you're, it's* • Fragen mit *Are you?*

Materialien	• Aufgabe 05: KV 1.1, eine Kopie pro Paar
	• Variante: KV1.1, eine Kopie zur Projektion an die Wand
	• Aufgabe 11: ein kleiner Behälter (z. B. Tasche, Tüte, Hut)
	   KV 1.2, eine Kopie für bis zu acht Teilnehmer, ausschneiden
	• Ideenpool: Ball (ideal: weicher Softball)
	   Post-its

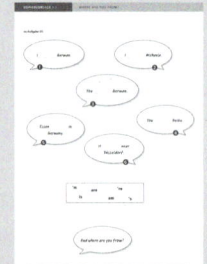 

Starter

1. Schreiben Sie an die Tafel *Hello. My name's (Michaela).* und sprechen Sie diesen Satz Ihren Teilnehmern vor.
2. Gehen Sie zu einem Ihrer Teilnehmer und wiederholen Sie den Satz. Ermuntern Sie den Teilnehmer durch ein Lächeln zu einer Reaktion. Unterstützen Sie die Antwort *Hello. My name's (Markus).*, indem Sie auf den Satz an der Tafel zeigen.
3. Gehen Sie nacheinander zu zwei weiteren Teilnehmern und wiederholen Sie das Prozedere.
4. Gehen Sie zurück zur Tafel und schreiben Sie *Hello. I'm (Michaela).*
5. Begrüßen Sie nun drei weitere Teilnehmer mit der neuen Floskel.
6. Wechseln Sie bei jedem weiteren Teilnehmer die Begrüßungsfloskel.

Hinweis

– Lassen Sie die Sätze an der Tafel stehen. Sie benötigen sie noch in Aufgabe 02.

01 Listen and repeat 02		1. Lesen Sie die Bildunterschrift bzw. Einführung vor, halten Sie das Buch hoch und deuten Sie dabei auf die Personen auf dem Bild. 2. Bitten Sie Ihre Teilnehmer, sich den Dialog anzuhören und ihn anschließend nachzusprechen.
Hinweis		– Diese Übung eignet sich auch zum Chorsprechen.
02 Now you	▶ Teaching tip Paarbildung	Bitten Sie Ihre Teilnehmer, aufzustehen und sich gegenseitig zu begrüßen.
Hinweis		– Deuten Sie auf die Sätze an der Tafel, die Ihren Teilnehmern als Hilfestellung dienen können. – Achten Sie darauf, dass die Teilnehmer nicht nur ihren direkten Nachbarn ansprechen, sondern möglichst viele Leute ‚kennenlernen'. – Mischen Sie sich ebenfalls unter die Teilnehmer und stellen auch Sie sich immer wieder mit vor.
03 Dialogue 03		1. Spielen Sie den Dialog einmal ab und lassen Sie die Teilnehmer im Buch mitlesen. 2. Fragen Sie, woher Mary kommt. Ihre Teilnehmer beantworten die Frage. Schreiben Sie alle Antworten, egal ob richtig oder falsch, untereinander an die Tafel. 3. Spielen Sie den Dialog zum Überprüfen der Antwort nochmals vor. Entfernen Sie falsche Antworten von der Tafel.
Lösung		*Warrington*
		4. Ihre Teilnehmer kreisen den richtigen Ort auf der Kartenskizze im Buch ein.
Hinweis		– Erklären Sie Ihren Teilnehmern, dass sie nicht alles verstehen müssen, sondern versuchen sollen, die Frage der Aufgabe zu beantworten. Klären Sie unbekannte Wörter bitte erst nach Aufgabe 04.
04 Quick check		1. Geben Sie Ihren Teilnehmern Zeit, den Dialog 03 nochmals durchzulesen. 2. Die Teilnehmer kreuzen die jeweils richtige Lösung A oder B an, z. B. zusammen mit ihrem Sitznachbarn. 3. Lassen Sie die Lösungen reihum vorlesen und korrigieren Sie, wenn nötig.
Lösung		*1B; 2A; 3B; 4B; 5A; 6A*

| UNIT 1 | GOOD TO MEET YOU! |

4. Klären Sie Wörter, die noch nicht verstanden wurden, und machen Sie auch auf *Good to meet you* als eine erste Begrüßungsfloskel aufmerksam.

05 LANGUAGE
1.1

1. Bitten Sie die Teilnehmer, sich die *Language Box* durchzulesen.
2. In der Zwischenzeit schreiben Sie an die Tafel:
   I_____ Michaela. You _____ German. Essen _____ near Düsseldorf.
   `m  `re are am is
3. Lassen Sie sich für jede Lücke die entsprechenden Möglichkeiten nennen und schreiben Sie die richtigen Formen in die Lücken.
4. Teilen Sie Kopiervorlage 1.1 aus, eine Kopie pro Paar.
5. Die Teilnehmer ergänzen die Aufgabe in Partnerarbeit mit den angegebenen Formen.
6. Lassen Sie Ihre Teilnehmer die entstandenen Sätze an die Tafel schreiben.
7. Korrigieren Sie die Sätze, wenn nötig.

Lösung der Kopiervorlage

1 I'm / I am German.; 2 I'm / I am Michaela.; 3 You're / You are German.; 4 You're / You are Heike.; 5 Essen is in Germany.; 6 It's / It is near Düsseldorf.

Variante

1. Projizieren Sie die Kopiervorlage an die Wand.
2. Die Teilnehmer kommen abwechselnd nach vorne und setzen die möglichen Lösungen direkt ein. Korrigieren Sie anschließend die Einträge, wenn nötig.

06 Practice

1. Die Teilnehmer ergänzen die Sätze mit den Wörtern *am*, *are* und *is*.
2. Zusammen mit dem rechten Sitznachbarn werden die Lösungen besprochen.
3. Lesen Sie die Sätze an und lassen Sie sie von den Teilnehmern vervollständigen.
4. Sollte ein Satz falsch sein, korrigieren Sie.

Lösung

1 is; 2 am; 3 is; 4 Are; 5 am; 6 is; 7 is; 8 are

07 Practice

1. Bitten Sie die Teilnehmer, die Sätze 1–3 mit den angegebenen Kurzformen umzuschreiben.
2. Geben Sie den Teilnehmern Zeit, ihre Lösungen mit ihrem Nachbarn auf der linken Seite zu besprechen.
3. Lassen Sie Ihre Teilnehmer anschließend die Sätze in der Kurzform vorlesen. Korrigieren Sie mündlich, wenn nötig.

Lösung

1 I'm from Heilbronn.; 2 It's near Stuttgart.; 3 And you're from England.

UNIT 1

08 Words

1. Deuten Sie auf den Kompass in Aufgabe 08 und bitten Sie Ihre Teilnehmer zu raten, welches englische Wort für *Nord*, *Süd*, *Ost* und *West* stehen könnte. Lesen Sie dazu die Begriffe *north*, *south*, *east* und *west* einmal deutlich vor.
2. Lassen Sie sich die Begriffe nennen und schreiben Sie diese an die Tafel, wenn möglich richtig platziert.

Lösung

north, east, south, west

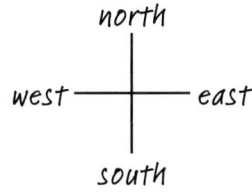

3. Um Aussprachefehler zu vermeiden, deuten Sie auf die Karte im Buch und lesen Sie die Städtenamen vor. Wiederholen Sie die Städtenamen und fordern Sie Ihre Teilnehmer mit einer ermunternden Armbewegung zum Nachsprechen auf.
4. Schreiben Sie unter das Wort **north** den Ausdruck **in the north** an die Tafel und sagen Sie *Kiel is in the north*.
5. Schreiben Sie **in the east** und sagen Sie *Dresden is in the east*. Zeigen Sie wieder auf die Karte und fragen Sie *Where is Hamburg?* Sobald Sie eine Antwort hören, schreiben Sie diese neben **in the north** an die Tafel, z. B. **Hamburg is in the north**.
6. Fragen Sie nach der nächsten Stadt auf der Karte, schreiben Sie die Antwort wieder an die entsprechende Stelle und machen Sie das auch noch mit den fünf anderen Städten.

Lösung

Hamburg is in the north. Berlin is in the east. Cologne is in the west. Munich is in the south. Bern is in the west. Vienna is in the east.

09 Now you

   ▶ Teaching tip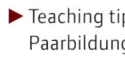
Paarbildung

1. Um den neuen Wortschatz aktiv anzuwenden, ergänzen die Teilnehmer die Sätze 1–3 mit ihren eigenen Angaben.
2. Die Teilnehmer lesen das Dialogbeispiel einmal durch.
3. Bilden Sie Zweiergruppen. Die Teilnehmer befragen sich nun, wie im Beispiel. Gehen Sie umher, geben Sie Hilfestellung und klären Sie eventuelle Fragen und Fehler.

10 Pronunciation

04

Erweiterung

1. Erklären Sie den Teilnehmern, dass manche Buchstaben wie z. B. das *w* im Englischen anders ausgesprochen werden als im Deutschen.
2. Machen Sie – ruhig etwas übertrieben – einen Kussmund und lesen Sie so die Wörter im Buch vor.
3. Ihre Teilnehmer üben die richtige Aussprache.
4. Spielen Sie Track 04 ab. Ihre Teilnehmer sprechen nach.
5. Ihre Teilnehmer stehen auf und bilden einen Kreis.
6. Die Teilnehmer beginnen mit dem Wort *where* und sagen es reihum, immer einer nach dem anderen. Das Wort kreist einmal in der Gruppe. Dann kommt das nächste dazu, bis alle vier Wörter auf einmal die Runde gemacht haben.

Good to meet you!

| UNIT 1 | GOOD TO MEET YOU! |

Hinweis
— Achten Sie sehr genau auf die richtige Aussprache. Sobald ein Aussprachefehler passiert, halten Sie die Gruppe an. Ungefähr zwei Teilnehmer vor demjenigen, der den Fehler gemacht hat, sagen Sie erneut das Wort und lassen es wieder kreisen. So hat derjenige, der den Fehler gemacht hat, die Chance, es noch ein bis zwei Mal zu hören und es anschließend nochmals zu versuchen.

11 Round up

1.2 ▶ Teaching tip Gruppenbildung

Variante

1. Lesen Sie die Sprechblasen vor.
2. Die Teilnehmer ergänzen die Sprechblasen.
3. Die Teilnehmer führen in einer Zweiergruppe Gespräche.

1. Schreiben Sie untereinander an die Tafel *1 My name … 2 I … from … 3 It … near …*
2. Ergänzen Sie die Sätze mündlich mit Ihren eigenen Angaben.
3. Geben Sie jedem Teilnehmer einen Zettel der Kopiervorlage 1.2.
4. Ihre Teilnehmer ergänzen den Zettel mit ihren eigenen Angaben und falten ihn.
5. Sammeln Sie die gefalteten Zettel ein. Sie können hierzu einen kleinen Behälter, eine Tasche oder auch einen Hut benutzen.
6. Vermischen Sie die Zettel und reichen Sie den ‚Hut' herum. Jeder Teilnehmer nimmt sich einen Zettel.
7. Die Teilnehmer versuchen, die Person auf dem Zettel zu finden. Schreiben Sie hierzu an die Tafel: *Are you Anna? No, I'm Sylvia. / Yes, and you?*

Hinweis
— Bitten Sie die Teilnehmer, die Hand zu heben, wenn sie ihren eigenen Zettel erwischen. In diesem Fall tauschen Sie den Zettel mit einem anderen.

▶▶ **Aufgabe 09**

Vorstellen und Erzählen

Geben Sie den Teilnehmern die Möglichkeit, spielerisch erste Strukturen einzuüben, sich die Namen der anderen Kursteilnehmer zu merken und sich gegenseitig kennenzulernen.

1. Nehmen Sie einen Ball, stellen Sie sich vor: *Hello. My name's Michaela. I'm from Heroldsberg, Germany.*
2. Werfen Sie den Ball einem Teilnehmer zu, der sich daraufhin vorstellt.
3. Diese Runde dauert so lange, bis alle Teilnehmer sich einmal vorstellen konnten.
4. Werfen Sie den Ball wieder einem Teilnehmer zu, an den Sie sich erinnern können. Erzählen Sie dieses Mal, woher derjenige kommt und wie er heißt: *You're (Markus). You are from Dresden, Germany.*
5. (Markus) wirft den Ball einem weiteren Teilnehmer zu und berichtet über ihn oder sie.
6. Dieses Spiel wird solange fortgesetzt, bis jeder Teilnehmer einmal genannt wurde.

UNIT 1

Hinweis

- Ein weicher Ball fliegt nicht so schnell und es schmerzt nicht, wenn man unglücklich getroffen wird.
- Der Ball kann auch gerollt oder den anderen Teilnehmern in die Hand gegeben werden.

▸▸ Aufgabe 11
Finde die Lüge

1. Teilen Sie pro Teilnehmer ein Post-it aus.
2. Jeder Teilnehmer soll nun seinen Namen sowie eine weitere Angabe auf ein Post-it schreiben, z. B. den Wohnort oder das Land. Die Teilnehmer dürfen beim Namen oder bei der zusätzlichen Angabe lügen. Auf dem Post-it sollten ein wahrer Satz und eine falsche Aussage stehen.
3. Zur Verdeutlichung schreiben Sie Ihren richtigen Namen und einen falschen Wohnort an die Tafel.
   Stellen Sie sich selbst die Frage: *Are you (Michaela)?* Und beantworten Sie diese auch gleich: *Yes, I am (Michaela).* Fragen Sie sich nach dem falschen Wohnort und antworten Sie *No, I'm from (Berlin)*.
4. Ihre Teilnehmer stehen auf und versuchen, durch Fragen herauszufinden, wo die anderen Teilnehmer ‚gelogen' haben. Die Fragen müssen selbstverständlich wahrheitsgemäß beantwortet werden.

Hausaufgaben

Extra Practice Reminder:

☐ p._____   No. _____ _____ _____

☐ p._____   No. _____ _____ _____

☐ p._____   No. _____ _____ _____

☐ _____

☐ _____

Good to meet you!

UNIT 2 — THIS IS …

This is …

Lernziele	• Andere miteinander bekannt machen • Sich verabschieden
Grammatik	• Die Gegenwart von *be*: *he/she is* • Verneinung: *I'm not, he/she/it isn't* • Kurzantworten mit *Yes, I am. / No, I'm not.*
Materialien	• Übung 01 Variante: KV 2.1, eine Kopie pro Paar • Ideenpool: KV 2.2, eine Kopie pro Teilnehmer

Starter

1. Deuten Sie auf das Bild auf Seite 20 und fragen Sie Ihre Teilnehmer: *Where is it?* Sobald ein Teilnehmer das Wort *airport* sagt, stimmen Sie zu.
2. Bitten Sie Ihre Teilnehmer, sich vorzustellen, sie wären am Flughafen London Heathrow und lernten sich kennen. Schreiben Sie an die Tafel: *Hello, I'm Lisa. Hi, my name is Susanne.* Die Teilnehmer stellen sich in kleinen Gruppen vor.

01 Words

07

1. Ihre Teilnehmer kreuzen, jeder für sich, alle Wörter an, die sie bereits auf Englisch kennen.
2. Spielen Sie die CD ab.
3. Die Teilnehmer hören die einzelnen Wörter und sprechen sie nach.
4. Klären Sie unbekannte Wörter.

Hinweis

– Die Übung eignet sich zum Chorsprechen.

Variante

2.1

1. Teilen Sie Kopiervorlage 2.1 je einmal pro Paar aus.
2. Die Teilnehmer hören die CD. Zusammen mit ihrem Sitznachbarn ordnen die Teilnehmer die Wörter den entsprechenden Bildern zu.

Lösung der Kopiervorlage 1d; 2k; 3i; 4a; 5l; 6f; 7h; 8b; 9g; 10e; 11m; 12c; 13j

Erweiterung	5.	Nach der Aufgabe schreiben Sie links *airport*, mittig *hotel* und rechts *station* (Bahnhof) an die Tafel.
	6.	Ihre Teilnehmer suchen sich ein Wort aus Aufgabe 01 aus und schreiben es unter *airport*, wenn es dies an Flughäfen gibt, bzw. auch unter *station* oder *hotel*, wenn sie der Meinung sind, dass es dies auch auf Bahnhöfen oder im Hotel geben kann.
Hinweis	–	Die Teilnehmer bringen ihre Bücher NICHT mit an die Tafel. So prägen sie sich die Schreibweise der Wörter besser ein.

02 Listen and repeat

08

1. Lesen Sie die Situation im Buch vor.
2. Spielen Sie die CD einmal ab. Ihre Teilnehmer sprechen den Dialog nach.
3. Lesen Sie den Dialog nochmals vor. Sie können den Text auch zusammen mit zwei Ihrer Teilnehmer lesen
4. In Dreiergruppen üben die Teilnehmer kurz den Dialog.

03 Now you

▶ Teaching tip Gruppenbildung

1. Gehen Sie zu einer Teilnehmerin und begrüßen Sie sie: *Hello (Sabine!)* Schauen Sie sie direkt an.
2. Die Kurseilnehmerin sollte Sie nun ebenfalls grüßen. Falls nicht, schreiben Sie *Hello (Sabine)* an die Tafel und darunter *Hello (Michaela)*. Versuchen Sie es nochmals. Sobald Sie gegrüßt werden, erwidern Sie *Good to meet you*.
3. Stellen Sie der Teilnehmerin ihren Sitznachbarn vor *(Sabine), this is (Thomas)*. Deuten Sie dabei auf *(Thomas)*.
4. Jetzt können sich beide begrüßen. Falls die Teilnehmer dabei noch Schwierigkeiten haben, helfen Sie mit einem geflüsterten *Hello (Thomas)* oder zeigen Sie auf das Beispiel an der Tafel. Wenn Ihre Teilnehmer hier *Good to meet you* einbauen, ist das schön, aber noch nicht notwendig.
5. Bilden Sie Dreiergruppen. Ihre Teilnehmer begrüßen sich und stellen die jeweiligen Gruppenmitglieder einander vor

04 Dialogue

09

1. Lesen Sie die Frage der Aufgabe 04 *Kommt Rob aus Irland?* vor. Die Teilnehmer sollen versuchen, die Antwort auf die Frage zu finden.
2. Spielen Sie die CD ab und lassen Sie Ihre Teilnehmer den Dialog mitlesen.
3. Schreiben Sie an die Tafel: *Rob is from Ireland. Yes? No?* Unterstreichen Sie *No*, sobald es genannt wurde.
4. Spielen Sie die CD ein zweites Mal ab, um Ihren Teilnehmer die Möglichkeit zu geben, die Antwort zu überprüfen.

Lösung

No.

Hinweis

– Erklären Sie den Teilnehmern, dass sie ein Gespräch hören und es nicht nötig ist, den gesamten Dialog zu verstehen, sondern dass sie sich darauf konzentrieren sollen, die Frage zu beantworten.

This is …

UNIT 2 — THIS IS …

Variante	1. Um das Hörverstehen gleich von Anfang an richtig zu trainieren, schließen Ihre Teilnehmer ihre Bücher. Erklären Sie, dass sie ein Gespräch hören werden und sich die Namen der Personen, die am Gespräch teilhaben, notieren sollen. 2. Lassen Sie sich nach dem Hören die Namen nennen.
Lösung	*Mary, Heike and Rob.*
	3. Spielen Sie die CD ein weiteres Mal ab. 4. Ihre Teilnehmer öffnen das Buch wieder. Fragen Sie, ob Rob aus Irland kommt. 5. Warten Sie auf die Antwort: Nein. 6. Sie können die CD ein weiteres Mal abspielen oder alternativ Ihre Teilnehmer den Text nochmals durchlesen lassen. Lassen Sie sich von Ihren Teilnehmern die entsprechende Stelle im Buch vorlesen.
Hinweise	– Klären Sie evtl. unbekannte Wörter möglichst erst nach Aufgabe 05. – Lassen Sie *Rob is from Ireland. Yes? No?* bitte noch an der Tafel stehen. Sie benötigen dies noch in Aufgabe 06.

05 Quick check

1. Geben Sie den Teilnehmern Zeit, den Dialogtext aus Aufgabe 04 gegebenenfalls nochmals durchzulesen.
2. Die Teilnehmer verbinden *He* (für Rob) oder *She* (für Heike) plus *is* mit den möglichen Satzenden.
3. Die Teilnehmer lesen die entstandenen Sätze laut vor. Korrigieren Sie, wenn nötig. Sie können die richtigen Aussagen von Ihren Teilnehmern auch an die Tafel schreiben lassen.
4. Klären Sie Wörter, die noch nicht verstanden wurden, und machen Sie auf *Nice to meet you* als eine zweite Begrüßungsfloskel neben *Good to meet you* aufmerksam.

Lösung

He is the barman at the Irish pub / from Australia. She is from Germany / the new waitress.

06 LANGUAGE

1. Lesen Sie die Sätze links langsam vor. Nicken Sie bei *he/she is* und schütteln Sie den Kopf bei *he/she isn't*. Fragen Sie, ob Rob aus Irland kommt. Beginnen Sie langsam mit dem Schreiben der Antwort und sprechen Sie dabei mit. *No, he …* Machen Sie eine Pause und wenden Sie sich der Klasse zu. Wiederholen Sie *No, he …* und sehen Sie Ihre Teilnehmer erwartungsvoll an.
2. Auch falls keine Antwort kommt, schreiben Sie weiter: *No, he is not from Ireland. He is from Australia.*
3. Löschen Sie die Langform und ersetzen Sie sie mit der entsprechenden Kurzform: *No, he isn't from Ireland. He's from …* Gehen Sie dabei langsam vor und sprechen Sie deutlich mit, damit Ihre Teilnehmer die Struktur nachvollziehen können.

UNIT 2

07 Practice

▶ Teaching tip
Paarbildung

1. Stellen Sie dem Kurs die erste Frage der Aufgabe: *Is Mary from Australia?* und warten Sie kurz auf eine Antwort. Um eventuelle Aussprachefehler zu verbessern und die Antwort zu bestätigen, lesen Sie die richtige Antwort nochmals vor.
2. Ihre Teilnehmer beantworten in Partnerarbeit die Fragen 2 und 3.
3. Bitten Sie zwei Paare, die richtige Lösung zu nennen. Danach üben die Teilnehmer zu zweit und stellen sich die Fragen.

Lösung 1B; 2C; 3A

08 Practice

1. Die Teilnehmer ergänzen die Sätze 1–6 zunächst für sich mit den Formen *He*, *She*, *is* und *isn't* und besprechen ihre Lösungen mit ihrem Sitznachbarn.
2. Lassen Sie die Sätze laut vorlesen und korrigieren Sie, wo nötig.

Lösung *1 is / He isn't; 2 isn't / She is; 3 is / She isn't; 4 isn't / She is; 5 isn't / He is; 6 is / She isn't*

09 Listening

10

1. Schreiben Sie *Where are you? I'm …* an die Tafel. Stellen Sie der Klasse die Frage, aber erwarten Sie keine richtige Antwort. Warten Sie daher nur ganz kurz und geben Sie gleich die Antwort, indem Sie sie auch an die Tafel schreiben: *I'm here*.
2. Ihre Teilnehmer lesen sich die Informationen zur Aufgabe einmal durch. Sie können diese auch vorlesen lassen.
3. Erklären Sie Ihren Teilnehmern, dass sie drei Telefongespräche hören werden. Lassen Sie die drei Sätze aus dem Buch vorlesen oder lesen Sie sie selbst vor. Die Sätze geben den Inhalt der Gespräche wieder.
4. Weisen Sie Ihre Teilnehmer darauf hin, dass sie die Reihenfolge der Gespräche herausfinden sollen, und spielen Sie die CD ab.
5. Die Teilnehmer haben Zeit, die Sätze mit 1, 2 und 3 zu nummerieren und mit ihrem Nachbarn die Reihenfolge abzustimmen.
6. Spielen Sie die CD ein zweites Mal ab und halten Sie die richtige Lösung an der Tafel fest.

Lösung *2; 3; 1*

Transcript

M = Man
W = Woman

10

Anruf 1
W Hello? Tony?
M Yes?
W Where are you?
M I'm in the duty-free shop.
W You're in the duty-free shop.
M Yes. Where are you?
W I'm in the café.
M Ah, OK.

Anruf 2
W Tony?
M Yes. Where are you?
W I'm in the duty-free shop now.
M You're in the duty-free shop?
W Yes, I am. Where are you?
M Er … I'm in the café.
W You're in the café!
M Yes, in the café.
W Oh no!

15   This is …

| UNIT 2 | THIS IS … |

Anruf 3
W Tony, I'm at the gate.
M At the gate?
W Yes, at the gate. Where are you?
M I'm, er …, in the Irish pub.
W In the pub?!
M Yes.
W Sorry, I must go.

---

10 LANGUAGE

1. Spielen Sie den Dialog vor – drehen Sie sich dabei abwechselnd ein bisschen nach links und nach rechts, je nachdem, welche der beiden Personen, die Sie darstellen, gerade spricht. Unterstreichen Sie das Gesagte durch Nicken und Kopfschütteln.
2. Fragen Sie in die Runde: *Are you from Frankfurt?* Und helfen Sie gegebenenfalls bei der Kurzantwort.
3. Schreiben Sie die Kurzantwort an die Tafel und stellen Sie noch ein bis zwei weiteren Teilnehmern die Frage, bis beide Versionen der Kurzantwort (*Yes, I am.* und *No, I'm not.*) an der Tafel stehen.

Hinweis

– Weisen Sie darauf hin, dass es bei der Kurzantwort *Yes, I am.* keine Kurzform gibt!

---

11 Practice

  ▶ Teaching tip Paarbildung

A: Where are you? Are you in the (shop)?
B: No, I'm not.
A: Are you in the (pub)?
B: Yes, I am.

Zusammen mit einem Partner sollen sich Ihre Teilnehmer hier gegenseitig ‚suchen'. Erklären Sie den Teilnehmern, dass sie sich am Flughafen mit einem Freund treffen wollten und sich irgendwie verpasst haben.
1. Schreiben Sie das Tafelbild aus der Randspalte an die Tafel.
2. Erklären Sie Ihren Teilnehmern, dass es verschiedene Dialogvarianten geben kann und lassen Sie die beiden Varianten im Buch durchlesen.
3. Beide Partner suchen sich ein Symbol aus der Aufgabe aus, das jeweils einen Ort am Flughafen darstellt. Zunächst versucht Partner A durch Fragen herauszufinden, wo sich Partner B befindet. Sagt Partner B schließlich *Yes, I am.*, ist B an der Reihe, Partner A zu fragen. Dies lässt sich mit verschiedenen Orten mehrmals wiederholen.

---

12 Now you

1. Fragen Sie in die Runde: *Are you from England?* Und lassen Sie die Frage von zwei bis drei Teilnehmern beantworten. Dann stellen Sie anderen Teilnehmern weitere Fragen: *Are you from Frankfurt? Are you from Australia? Are you from …?* (Nennen Sie hier die Stadt, in der Sie unterrichten.)
2. Die Teilnehmer beantworten die Fragen in Aufgabe 12 für sich. Gehen Sie herum und korrigieren Sie behutsam mögliche Fehler.

---

13 Round up

  ▶ Teaching tip Bewegungsmuffel

1. Die Teilnehmer bewegen sich im Kursraum, befragen sich gegenseitig wie im Buch und machen sich Notizen.
2. Bitten Sie die Klasse kurz zu berichten. Gehen Sie mit einem Beispiel voran: *This is (Anita). She isn't from here. She's from (Büchenbach).*

UNIT 2

Hinweise	– Achten Sie darauf, dass die Teilnehmer nicht nur ihren üblichen Partner fragen, sondern ihre Ansprechpartner mehrmals wechseln. Animieren Sie sie deshalb aufzustehen und herumzugehen. – Versuchen Sie möglichst oft, Ihre Teilnehmer von den Stühlen zu bekommen. Wenn Sie in Ihrem Kurs jedoch Teilnehmer haben, die sich aus gesundheitlichen Gründen schwer bewegen können, geben Sie diesen die Möglichkeit, sitzen zu bleiben. Die anderen Teilnehmer können sich dann immer kurz dazusetzen. – Mischen Sie sich unter die Gruppe und machen Sie diese Übung mit. Ihre Teilnehmer werden immer interessiert daran sein, mehr von Ihnen als Trainer zu erfahren. Außerdem können Sie durch Ihre Mitwirkung Ihren Teilnehmern Hilfestellung geben.

Ideenpool

Aufgabe 11

2.2

1. Geben Sie jedem Teilnehmer einen Satz der ausgeschnittenen Bilder der KV 2.2. Erklären Sie Ihren Teilnehmern, dass es für manche Ortsangaben eine andere Präposition gibt als in ihrer Sprache. Geben Sie ein kurzes Beispiel für *in* und *at* und schreiben Sie an die Tafel: *Are you at the information? Are you in the restaurant?*
2. In Zweiergruppen spielen die Teilnehmer nun den Dialog, indem sie jeweils eine Karte von ihrem eigenen Stapel nehmen und bei der Frage bzw. der Antwort das gezogene Bild berücksichtigen. Wenn also z. B. Partner A das Bild Restaurant hat und Partner B das Bild Café, könnte der Dialog so aussehen: A: *Where are you? Are you in the restaurant?* B: *Yes, I am.* A: *Ah, OK.* B: *And where are you?* A: *I'm in the café.* Gehen Sie umher. Korrigieren und helfen Sie, wo nötig.

Lösung	*1 at the gate; 2 at the airport; 3 in the hotel; 4 in the bookshop; 5 at (the) information; 6 in the café; 7 in the pub; 8 in the car park; 9 at (the) reception; 10 at (the) check-in; 11 in the restaurant*

Hinweis	– Dies ist eine einfache Wiederholung für Wiedereinsteiger. Weisen Sie daraufhin, dass bei den Bildern die jeweilige Präposition steht. Um die Aufgabe anspruchsvoller zu machen bzw. um zu sehen, wo Ihre Teilnehmer stehen, können Sie die Präpositionen vor dem Kopieren entfernen.

Hausaufgaben	**Extra Practice Reminder:** ☐ p._____ No. _____ _____ _____ ☐ p._____ No. _____ _____ _____ ☐ p._____ No. _____ _____ _____ ☐ _____ ☐ _____

This is …

UNIT 3   CHEERS!

Cheers!

Lernziele	• Smalltalk machen • Getränke bestellen
Grammatik	• Die Gegenwart von *be*: *we are, they are* • Verneinung: *we/they aren't* • Fragen mit *Is he/she/it? Are they?* • Kurzantworten mit *Yes, he/she/it is. / No, he/she/it isn't., Yes, they are. / No, they aren't.* • Fragewörter *What?, Where?, How?*
Materialien	• Starter: KV 3.1 (dickes Papier, Bilder ausschneiden), ein Bild pro Paar Ablösbare und wiederverwendbare Klebepads (z. B. patafix) zur Befestigung • Aufgabe 01: ein Trinkglas (leer) und eine Flasche Wasser (mit Inhalt) • Aufgabe 02: KV 3.1, eine Kopie = ein Stapel mit sechs Bildern pro Paar, ausschneiden • Aufgabe 03: KV 3.1, Stapel aus Aufgabe 02 wieder verwenden • Ideenpool: KV 3.2, zur Projektion an die Wand, pro Teilnehmer ein Blatt Papier

 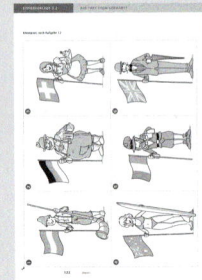

Starter

3.1

1. Deuten Sie auf das Bild im Buch und fragen Sie: *Where is it? In Germany or England?* Sobald jemand England sagt, wiederholen Sie nochmals das Wort.
2. Schreiben Sie *café* und *pub* an die Tafel und fragen Sie erneut: *Where is it? In a café or a pub?*
3. Zeichnen Sie den Umriss einer Speise- und Getränkekarte an die Tafel und schreiben Sie als Überschrift *In a pub*. Fragen Sie Ihre Teilnehmer, ob sie englische Wörter für Getränke kennen und schreiben Sie die Antworten in die Getränkekarte. Falls kein Getränk genannt wird, können Sie das Wort *cocktail* anschreiben.
4. Lassen Sie die Bilder der Kopiervorlage 3.1 herumgehen. Zwei Personen nehmen sich jeweils ein Bild. Währenddessen tragen Sie die folgenden Wörter in die Getränkekarte an der Tafel ein: *red wine, white wine, water, orange juice, beer, Coke™*.

18   Cheers!

UNIT 3

	5. Ihre Teilnehmer kommen immer zu zweit an die Tafel und ordnen ihr Bild dem passenden Begriff zu. Am Ende haben Sie eine Getränkekarte mit Bildern an der Tafel.
Hinweis	– Lassen Sie genügend Platz zwischen den Wörtern, um Bilder und Wörter einander zuordnen zu können. – Händigen Sie ein Stück Klebepad aus, damit sich die Bilder befestigen lassen. – Die Getränkekarte brauchen Sie noch in Aufgabe 03!

01 Listen and repeat
13

1. Stellen Sie ein Trinkglas und eine Wasserflasche auf den Tisch. Deuten Sie auf das Glas und sagen Sie *a glass*, deuten Sie auf die Wasserflasche und sagen Sie *a bottle of water*.
2. Schenken Sie etwas Wasser in das Glas und sagen Sie *a glass of water*. Heben Sie das Glas, prosten Sie Ihren Teilnehmern zu, sagen Sie lächelnd *cheers* und nehmen Sie einen Schluck.
3. Ihre Teilnehmer hören auf der CD, wie man im Pub bestellen kann und sprechen nach.

Hinweis – Die Aufgabe eignet sich zum Chorsprechen.

02 Practice
3.1
▶ Teaching tip Paarbildung

1. Deuten Sie auf das Bild Orangensaft auf der Getränkekarte an der Tafel. Sagen Sie *A glass of orange juice, please.* und geben Sie selbst die Antwort *Here you are.*, die Sie mit einer gebenden Geste unterstreichen können.
2. Bilden Sie neue Zweiergruppen. Jedes Paar bekommt einen Stapel der Bilder der Kopiervorlage 3.1.
3. Partner A nimmt ein Bild von dem Stapel und bestellt das Getränk auf dem Bild nach dem Muster im Buch. Partner B antwortet mit *Here you are*. Beim nächsten Bild wird gewechselt, Partner B bestellt und Partner A bewirtet.

Hinweis – Gehen Sie umher, helfen Sie wo nötig und achten Sie darauf, dass die Partner auch wirklich mit *Here you are.* antworten.

03 Now you

1. Vergeben Sie die ‚Rollen' *student* 1–3 an Ihre Teilnehmer und lassen Sie das Gespräch im Buch vorlesen.
2. Ihre Teilnehmer stehen auf. Nennen Sie ihnen Wörter, die sie sich merken sollen: Teilnehmer 1 ▶ *juice*, Teilnehmer 2 ▶ *beer*, Teilnehmer 3 ▶ *water*.
Bei Teilnehmer 4 beginnen Sie wieder mit *juice* usw. Alle Teilnehmer mit dem gleichen Getränk bilden zusammen eine Gruppe.
3. Ein Teilnehmer jeder Gruppe beginnt und bestellt ein Getränk seiner Wahl. Der nächste wiederholt den Getränkewunsch und fügt einen weiteren hinzu. Der dritte wiederholt die vorangegangenen Bestellungen und fügt seine hinzu. Sie als *teacher* fassen alles zusammen und überreichen die Getränke mit einem *Here you are.*

Cheers!

UNIT 3 — CHEERS!

Hinweis	– In kleineren Kursen lässt sich das Spiel mit der gesamten Klasse spielen.
Variante ab 3. 3.1	3. Erklären Sie den Teilnehmern, dass sie in einem Pub an der Theke etwas bestellen möchten. Ein Teilnehmer pro Gruppe ist Barkeeper, alle anderen sind Gäste. Der Barkeeper erhält einen Stapel der Kopiervorlage 3.1. Die Gäste bestellen anhand der Getränkekarte an der Tafel verschiedene Getränke und der Barkeeper ‚serviert' diese mithilfe der Kärtchen.
Hinweis	– Um das Spiel möglichst lebendig zu gestalten, können sich der Barkeeper hinter und die Gäste vor einen Tisch stellen. Die Gäste sollen einen Blick zur Tafel werfen können. – Gehen Sie umher, helfen Sie, wo nötig und spielen Sie bei jeder Gruppe auch einmal selbst den Gast.

04 Listen and repeat

14

1. Fragen Sie Ihre Teilnehmer *How are you?* und schreiben Sie die Phrase an die Tafel. Falls keine Antwort kommt, schreiben Sie gleich weiter: *I'm fine, thanks*. Erklären Sie, dass diese Phrase im Englischen sehr wichtig und schon ein erster Bestandteils des Smalltalks ist. Lassen Sie Ihre Teilnehmer die deutsche Bedeutung raten und geben Sie die Übersetzung, falls nötig, selbst.
2. Spielen Sie den ersten Teil des kurzen Dialogs vor. Drücken Sie nach *thanks* sofort auf Pause!
3. Erklären Sie Ihren Teilnehmern, dass das Wetter ein weiterer wichtiger Teil des englischen Smalltalks ist.
4. Zeichnen Sie mit genügend Abstand zwei Gesichter an die Tafel. Starten Sie links mit einem Lachgesicht. Rechts kommt ein Gesicht mit einem Strich als Mund, also einem neutralen Ausdruck.
5. Bitten Sie einen Teilnehmer, das Wort *good* unter das entsprechende Gesicht an die Tafel zu schreiben. Zwei weitere Teilnehmer schreiben *OK* und *fine* in die richtige Spalte. Korrigieren Sie, falls nötig.
6. Schreiben Sie *not bad* auf und fragen Sie, ob es jemand zuordnen kann. Wenn ja, bitten Sie ihn oder sie an die Tafel. Falls nein, ordnen Sie selbst zu.
7. Spielen Sie den zweiten Teil des Dialogs vor. Anschließend lesen zwei Teilnehmer den Dialog mit verteilten Rollen.

Hinweis
– Sie können den Dialog nach 6. auch erneut vorspielen.
– Lassen Sie das Tafelbild noch für die nächste Aufgabe stehen.

05 Now you

Die Teilnehmer lösen zusammen mit ihrem Sitznachbarn die Aufgabe und lesen den Dialog mit verteilten Rollen. Anschließend tragen zwei Paare ihre Dialoge in der Klasse vor. Korrigieren Sie vorsichtig, wenn nötig.

UNIT 3

Lösung	*Mögliche Lösungen:* *I'm **fine** / **OK**, thanks.* *I'm **good**, thanks.* *Yes, it's **not bad** / **good** / **fine** / **OK**.*
Background	*I'm good* wird genau wie *I'm fine* auch sehr gerne im Zusammenhang mit der Frage nach einem weiteren Getränk bzw. mehr Essen benutzt. Z. B.: *Is that all? Yes, thanks, I'm good/fine.* bedeutet also, ich habe noch genug bzw. ich möchte nichts mehr.
06 Dialogue 🎧 ⏲ 15	1. Bitten Sie alle Teilnehmer, die aus dem Unterrichtsort sind, aufzustehen. Sie brauchen mindestens zwei Teilnehmer. Deuten Sie auf sich und sagen Sie *I'm from (Leipzig)*. Deuten Sie auf die Stehenden und fragen Sie *Where are you from?* Warten Sie, bis alle geantwortet haben. 2. Schauen Sie die Sitzenden an und fragen Sie *Where are they from?* während Sie dabei deutlich auf die Stehenden zeigen. Unterstützen Sie die Antwort, indem Sie mit *They are …* beginnen. Schreiben Sie die richtige Antwort an die Tafel. Sie können die deutsche Fragestellung im Buch als Hilfe benutzen. 3. Erklären Sie Ihren Teilnehmern, dass sie ein kurzes Smalltalk-Gespräch zwischen einem Paar und dem Barkeeper hören werden und den Dialog mitlesen können. 4. Die Teilnehmer sollen herausfinden, woher das Paar kommt. Schreiben Sie *Where are they from? Sydney? Darwin?* an die Tafel. Spielen Sie die CD einmal ab und stellen Sie nochmals die Frage. Schreiben Sie die Lösung an die Tafel.
Lösung	*(They are from) Darwin.*
07 LANGUAGE ⏲	1. Lesen Sie die linke Spalte der *Language Box* einmal langsam vor. 2. Schreiben Sie *man woman Rob* an die Tafel. Ziehen Sie einen Kreis um alle drei Wörter, sagen Sie *They're from Australia.* und betonen Sie die Kurzform. Deuten Sie zwischen der Klasse und sich selbst hin und her und sagen Sie lächelnd *We're from … and we aren't from …* Ihre Teilnehmer ergänzen Ihren Satz.
08 Quick check ⏲	1. Ihre Teilnehmer lesen den Dialog in Aufgabe 06 erneut durch, um die Sätze 1–5 mit *is*, oder *isn't* beziehungsweise *are* oder *aren't* richtig ergänzen zu können. Danach können sie ihre Lösungen kurz mit dem rechten Sitznachbar besprechen. 2. Lassen Sie die Sätze reihum vorlesen. Korrigieren Sie, wenn nötig.
Lösung	*1 is; 2 isn't; 3 is; 4 are; 5 aren't*
	3. Schreiben Sie zwei Namen aus Ihrer Gruppe an die Tafel und ergänzen Sie den Satz folgendermaßen: *(Michaela) and (Martin) are from Germany.* Streichen Sie dann beide Namen durch und schreiben Sie *They are from Germany.*

21 Cheers!

	4. Die Teilnehmer arbeiten jeweils mit ihrem linken Sitznachbarn zusammen oder auch allein. Erklären Sie, dass die Personen in den Sätzen 1–5 durch Pronomen, also *he, she, it* und *they*, ersetzt werden sollen, und deuten Sie dabei auf das Beispiel an der Tafel. 5. Jedes Paar liest einen Satz vor. Ist der Satz falsch, lassen Sie ihn das Paar selbst korrigieren.
Lösung	*2 isn't/he; 3 is/isn't/it; 4 are/they; 5 aren't/they*
Variante ab 4.	4. Ihre Teilnehmer schreiben die Sätze im Buch mit *he*, *she*, *it* und *they* auf einen Extrazettel. 5. Haben alle die Aufgabe gelöst, reicht ein jedes Paar seinen Zettel nach links weiter. Die neuen Zettel werden nun, noch immer in Zweiergruppen, gelesen, gegebenenfalls korrigiert und anschließend nochmals weiter gereicht. 6. Jedes Paar liest einen Satz vom neuen Zettel vor.
Hinweis	– Machen Sie Ihre Teilnehmer darauf aufmerksam, dass die Sätze von den anderen gelesen werden und achten Sie darauf, dass sie wirklich auf ein Extrablatt geschrieben werden.

09 LANGUAGE

1. Bitten Sie einen Teilnehmer, die erste Frage in der *Language Box* vorzulesen und einen weiteren die Antworten rechts daneben.
2. Blättern Sie (nur Sie!) zu Seite 12 zurück, halten Sie das Buch hoch und deuten Sie auf eine der Frauen. Lassen Sie einen weiteren Teilnehmer Frage 2, *Is the woman nice?* vorlesen.
3. Wenn Ihre Teilnehmer nicht gleich mit *Yes, ...* oder *No, ...* antworten, stellen Sie die Frage nochmals, *Is the woman nice?* Beginnen Sie ganz langsam mit *y e s, ...* und lassen Sie die Kurzantwort von Ihren Teilnehmern vervollständigen.
4. Wieder ein anderer Teilnehmer liest die nächste Frage der Box vor und ein weiterer die Antworten. Entsprechend wird mit den anderen Fragen und Antworten verfahren.
5. Machen Sie eine Handbewegung, die alle in der Klasse mit einschließt, fragen Sie lächelnd *Are we nice?* und seien Sie gespannt auf die Antwort.

10 Practice

▶ Teaching tip Paarbildung

1. Schreiben Sie *Is Heike from Germany? Yes, she is. / No, he isn't. / No, she isn't. / No, they're from England. / Yes, she is from Cologne.* an die Tafel.
2. Fragen Sie Ihre Teilnehmer, welche Antworten nicht möglich sind. Wischen Sie die falschen Antworten von der Tafel.
3. Die Teilnehmer verbinden, zunächst jeder für sich, die richtigen Antworten im Buch mit den richtigen Fragen.
4. Paarweise stellen sich die Teilnehmer abwechselnd die Fragen und beantworten sie.
5. Stellen Sie die Fragen 1–4 der Klasse und berichtigen Sie eventuelle falsche Antworten.

UNIT 3

Lösung	1C; 2D; 3B; 4A
Erweiterung ▶ Teaching tip Bewegungsmuffel	6. Die Teilnehmer schreiben zwei eigene Fragen auf, die nur mit *Yes, …* oder *No, …* beantwortet werden können. 7. Die Teilnehmer stehen auf, stellen verschiedenen Personen aus der Klasse die eigenen Fragen, und antworten auf die Fragen der anderen.
Hinweis	– Gehen Sie herum und machen Sie diese Übung mit. Auf diese Weise können Sie auch helfend eingreifen. Vergessen Sie nicht, sich vorher auch zwei mögliche Fragen auszudenken.

11 Practice

1. Lesen Sie die erste Frage vor. Vermutlich antworten Ihre Teilnehmer schon automatisch, aber falls nicht, lassen Sie einen Ihrer Teilnehmer die Antwort vorlesen.
2. Die Teilnehmer ergänzen die Antworten zu 2–5 selbstständig. Lassen Sie ihnen hierfür etwas Zeit.
3. Stellen Sie der Klasse die Fragen 2–5. Sollte eine Antwort falsch sein, wiederholen Sie die Frage.

Lösung   2 he isn't; 3 he is; 4 she isn't; 5 they aren't

12 Listening

1. Lesen Sie die Situation vor.
2. Die Teilnehmer lesen kurz, welche Getränke im Pub zur Auswahl stehen. In der Zwischenzeit legen Sie die CD ein.
3. Erklären Sie Ihren Teilnehmern, dass sie ein Gespräch im Pub hören werden und ankreuzen sollen, was bestellt wird.
4. Die Teilnehmer hören die CD und nennen Ihnen die Lösung.

Lösung   *a Diet Coke™; a glass of red wine*

Hinweis   – Sie können die Bestellung, die Ihnen genannt wird, auch an die Tafel schreiben, und die Teilnehmer können die Lösungen durch nochmaliges Hören des Dialogs überprüfen.

Transcript
R = Rob
W = Woman

W   Erm, hello?
R   Hi. How are you today?
W   Oh, I'm fine, thanks.
R   Nice day today.
W   Yes, it is.
    A Cola Light™, please.
R   Cola Light™?
W   No, sorry, Diet Coke™.
    A Diet Coke™, please.
R   A Diet Coke™. Here you are. Is that all?
W   No, no it isn't. A glass of wine. Please.
R   Red? White?
W   Red. A glass of red wine, please.
R   OK. A Diet Coke™ and a glass of red wine. Are you from Germany?
W   Yes, yes we are. We're from …

Cheers!

UNIT 3 — CHEERS!

13 Round up

17

1. Geben Sie folgendes Szenario: Die Gruppe ist in England und hat dort einen ausgezeichneten Pub gefunden, den sie nun schon zum dritten Mal besucht. Mittlerweile kennt der Barkeeper auch alle und macht typischerweise ein bisschen Smalltalk.
2. Die Teilnehmer bringen mit ihrem Nachbarn die Sprechblasen in die richtige Reihenfolge.
3. Spielen Sie das Gespräch vor, damit alle ihre Lösungen überprüfen können.
4. In Partnerarbeit lässt sich das Gespräch nochmals üben.

Transcript/Lösung

A Hello, how are you today?
B I'm fine, thanks. And you?
A Oh, I'm OK.
B Not a very nice day today.
A No, it isn't.

Erweiterung

5. Ihre Teilnehmer setzen mit einem neuen Partner das Gespräch fort, indem sie bestellen. Ihre Teilnehmer schreiben das Gespräch auf und üben es einmal mit ihrem Partner.
6. Lassen Sie anschließend zwei oder drei Gespräche vorlesen.

Hinweis

- Geben Sie Ihren Teilnehmern Zeit, um die Sätze zu formulieren.
- Gehen Sie von Gruppe zu Gruppe und unterstützen Sie die Lernenden, die in dieser Erweiterung die Sätze völlig ohne Vorgabe schreiben sollen.

UNIT 3

Ideenpool

▶ **Aufgabe 12**

▶ Teaching tip
Belohnung

3.2

1. Projizieren Sie die Kopiervorlage 3.2 an die Wand. Die Teilnehmer sehen sechs nummerierte Bilder.
2. Geben Sie jedem Teilnehmer ein Blatt zum Schreiben. Die Teilnehmer suchen sich jeder ein Bild aus und notieren passende Ja/Nein- Fragen, z. B. *Is he from England?* Pro Blatt eine Frage plus der entsprechenden Nummer des Bildes.
3. Sammeln Sie die Blätter ein und zerknüllen Sie die einzelnen Blätter zu Papierkugeln. Werfen Sie vorsichtig eine der Kugeln einem Teilnehmer zu. Der Fänger nennt die Nummer des Bildes, liest die Frage vor und beantwortet sie.
4. Die Teilnehmer nicken, wenn die Antwort ihrer Meinung nach richtig ist und schütteln den Kopf, wenn nicht. Sie dürfen auf keinen Fall die richtige Lösung in die Runde rufen!
5. Ist die Antwort richtig, behält der Fänger das Blatt als Punkt. Falls nicht, formt er das Blatt wieder zur Kugel und wirft sie einem anderen zu, solange, bis die Frage richtig beantwortet wurde.
6. Werfen Sie die nächste Kugel und verfahren Sie wie beschrieben, bis alle Kugeln genutzt werden.
7. Am Ende können die Blätter gezählt werden – pro Blatt ein Punkt.

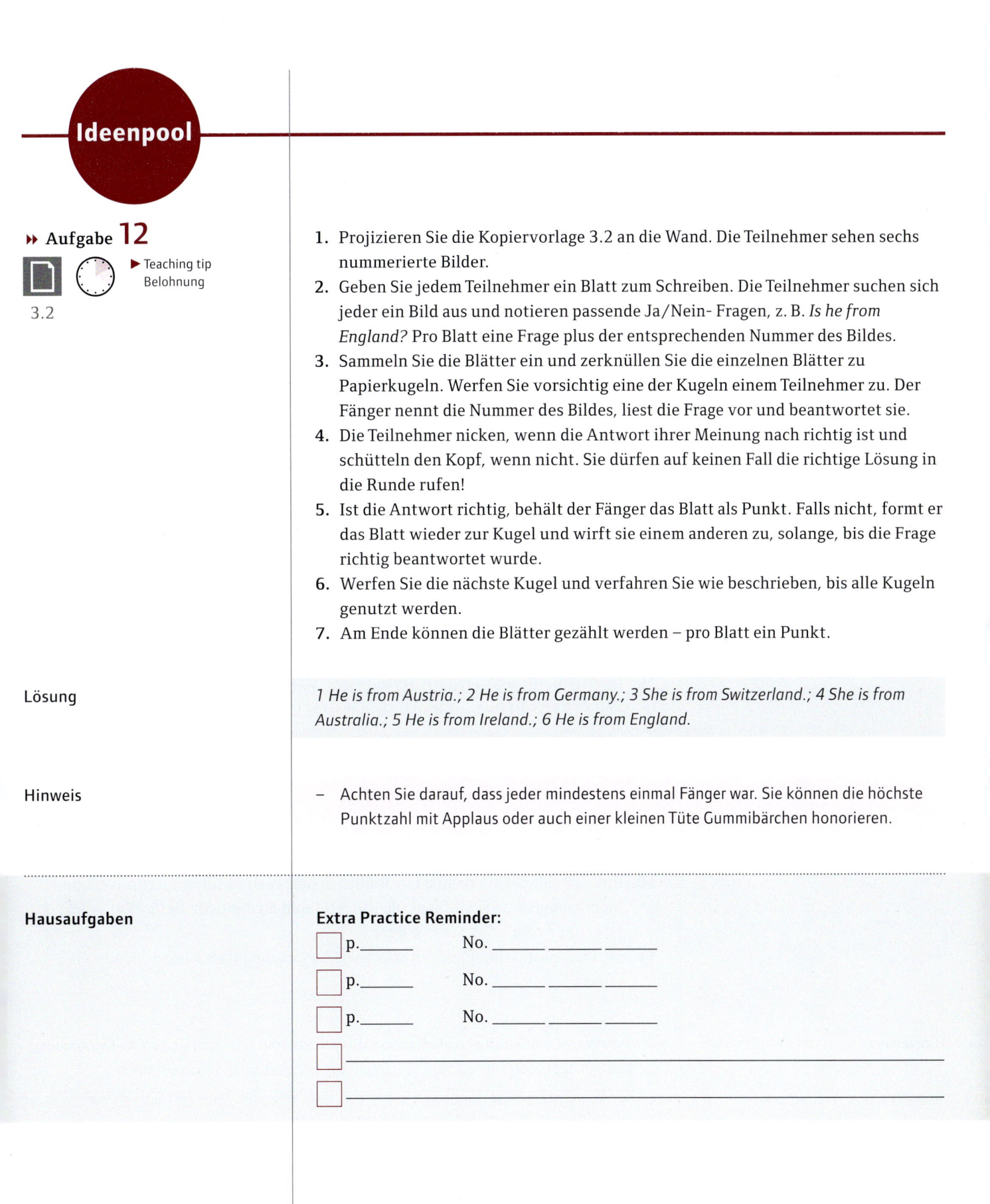

Lösung

1 He is from Austria.; 2 He is from Germany.; 3 She is from Switzerland.; 4 She is from Australia.; 5 He is from Ireland.; 6 He is from England.

Hinweis

– Achten Sie darauf, dass jeder mindestens einmal Fänger war. Sie können die höchste Punktzahl mit Applaus oder auch einer kleinen Tüte Gummibärchen honorieren.

Hausaufgaben

Extra Practice Reminder:

☐ p._____   No. _____ _____ _____
☐ p._____   No. _____ _____ _____
☐ p._____   No. _____ _____ _____
☐ _____
☐ _____

25   Cheers!

| VIDEO SUGGESTIONS | FILM 1 – LEEDS CASTLE |

Es gibt verschiedene Einsatzmöglichkeiten für Videos im Unterricht – für langsamere und schnellere Gruppen, für absolute Anfänger und auch für Wiedereinsteiger. Es gibt englische Untertitel für das vollständige Video und deutsche Untertitel für die *Voice-Over-Parts*. Alle Videos haben eine Länge von 3,5 bis 4,5 Minuten. Nachfolgend finden Sie eine Idee für den Einsatz im Unterricht.

Vorbereitung

– Hängen Sie eine Karte von *Great Britain* an die Wand. Idealerweise finden Sie darauf den Ort *Maidstone (Kent)* bzw. die Sehenswürdigkeit *Leeds Castle*.

1. Legen Sie das Video (Film 1) ein und stoppen Sie bei 00:15: *Welcome to England and Welcome to Leeds Castle*.
2. Kündigen Sie an, dass Ihre Teilnehmer nun ein Video über eine Familie sehen werden, die *Leeds Castle* besucht.
3. Schreiben Sie an die Tafel *Maidstone, Kent*, erklären Sie den Teilnehmern, dass *Leeds Castle* dort liegt, und zeigen Sie den Ort auf der Landkarte. Alternativ kann auch einer Ihrer Teilnehmer versuchen, den Ort auf der Karte zu finden.
4. Ihre Teilnehmer sehen das Video ohne Untertitel und versuchen, den Film zu verstehen. Spielen Sie das Video einmal komplett ab.
5. Lassen Sie sich erzählen, was Ihre Teilnehmer verstanden bzw. erahnen konnten. Schreiben Sie stichpunktartig an der Tafel mit.
6. Spielen Sie das Video erneut ab – dieses Mal mit den englischen Untertiteln, und ergänzen Sie danach weitere Informationen an der Tafel.
7. Spielen Sie das Video ein weiteres Mal ab – mit deutschen Untertiteln. Ihre Teilnehmer überprüfen und ergänzen die Angaben an der Tafel.
8. Ihre Teilnehmer lösen die Aufgaben zum Video im Buch (*Video Exercises*, Seite 132). Alternativ können Sie diese als Hausaufgabe aufgeben.

Lösung

1B; 2B; 3B: 4C; 5A; 6C

9. Bilden Sie Dreiergruppen. Spielen Sie die Unterhaltung im Film noch einmal ab (00:45–01:38).
10. Ihre Teilnehmer versuchen ein ähnliches Gespräch zu führen. Schreiben Sie hierzu mögliche Satzanfänge als Hilfestellung an die Tafel: *Hello, I'm ... Good to ... I'm from ... This ... It's near ...*
11. Sie können abschließend ein oder zwei Gespräche in der Klasse vorspielen lassen.

Hinweise

– Sie können bei 5. ruhig auch deutsche Begriffe an die Tafel schreiben. Die Teilnehmer können dann bei 6. versuchen, die englische Übersetzung dazu zu finden.
– Zeigen Sie am Ende des Buches das Video nochmals. Ihre Teilnehmer können so ihre eigenen Fortschritte deutlich erkennen.

UNIT 4   AN ESPRESSO, PLEASE

An espresso, please

Lernziele	• Getränke und Snacks in einem Café bestellen • Höflich um etwas bitten
Grammatik	• *a/an* • Einzahl und Mehrzahl • Die Zahlen 1–10
Materialien	• Aufgabe 01: KV 4.1, pro Teilnehmer zwei ausgeschnittene Kärtchen • Aufgabe 02: KV 4.2, pro Teilnehmer eine Kopie • Aufgabe 08: einzelne Blätter mit den Wörtern 　*airport café, bottle of beer, espresso, glass of wine, nice pub, orange juice* 　ein Wort pro Blatt • Aufgabe 13: Kopie Bild, Seite 36 (Tafel mit Getränken & Snacks) zur Projektion an die Wand

Starter

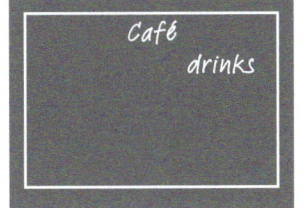

1. Zeichnen Sie den Umriss einer Speisekarte an die Tafel und schreiben Sie das Wort *Café* oben in die Mitte der Karte. Schreiben Sie rechts in die Karte das Wort *drinks*.
2. Die Teilnehmer nennen Ihnen alle Getränke aus Unit 3, an die sie sich erinnern können.
3. Lassen Sie einen Teilnehmer die Liste einmal vorlesen.

Hinweise

– Achten Sie genau auf die Aussprache.
– Sie können zusammen mit Ihren Teilnehmern auch entscheiden, welche Getränke es nicht in einem Cafe geben sollte und diese gegebenenfalls von der Tafel wischen.
– Lassen Sie die Karte noch für Aufgabe 01 an der Tafel stehen.

27   An espresso, please

UNIT 4 — AN ESPRESSO, PLEASE

01 Words

20

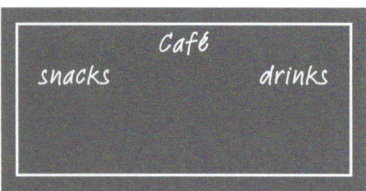

1. Die Teilnehmer kreuzen im Buch alle Wörter an, die sie bereits kennen.
2. Spielen Sie die CD ab. Die Teilnehmer sprechen die einzelnen Wörter nach.
3. Lassen Sie bei Unsicherheiten die Wörter nochmals vorlesen und helfen Sie bei der richtigen Aussprache.
4. Schreiben Sie *What is coffee in German?* an die Tafel. Geben Sie selbst die Antwort nur, wenn keiner Ihrer Teilnehmer den deutschen Begriff kennt.
5. Die Teilnehmer fragen bei Bedarf selbst nach Wörtern.
6. Schreiben Sie links in die Speisekarte das Wort *snacks* und bitten Sie Ihre Teilnehmer, Ihnen Begriffe zu nennen, die sie jetzt auf Englisch kennen, wie z. B. *hamburger*. Schreiben Sie diese Wörter an der Tafel mit.

Variante

4.1

1. Verteilen Sie die Kärtchen der KV 4.1 auf einem Tisch und bitten Sie Ihre Teilnehmer, sich jeweils zwei Kärtchen zu nehmen.
2. Spielen Sie die CD ab. Sobald Ihre Teilnehmer ein Wort hören, zu dem sie das passende Bild vor sich haben, halten sie dieses für alle sichtbar hoch.
3. Ihre Teilnehmer lesen die Wörter nochmals der Reihe nach vor. Wieder werden die entsprechenden Bildkärtchen hochgehalten.
4. Schreiben Sie links in die Speisekarte das Wort *snacks* und bitten Sie Ihre Teilnehmer, an die Tafel zu kommen und die Begriffe anzuschreiben, die sie jetzt auf Englisch kennen, wie z. B. *hamburger*.

Hinweise

– Auf der KV sind nur acht Begriff abgebildet: *cheeseburger*, *chocolate*, *cocktail*, *coffee*, *pizza*, *sandwich*, *steak*, *tea*.
– Die Teilnehmer halten ihre Bilder hoch, wenn sie passen, z. B. das Bild *cocktail*, *coffee* oder *tea* beim Wort *drink*. Es muss nicht genau das Gesagte abgebildet sein.
– Die Teilnehmer sollten ohne Buch zur Tafel kommen, um die Rechtschreibung zu üben. Helfen Sie aber, wo nötig.
– Lassen Sie die Speisekarte noch für Aufgabe 07 an der Tafel stehen.

02 Dialogue

21

1. Deuten Sie auf das Bild der Familie und sagen Sie *They are Bill, Paula, Susie and Ben. They're in the airport café.* Weisen Sie auf die Randspalte und die Beschreibung der Szene im Buch hin.
2. Schreiben Sie *What's the magic word?* an die Tafel. Die Teilnehmer versuchen, beim Hören das Lösungswort, *please*, herauszufinden.
3. Spielen Sie die CD ab. Die Teilnehmer können den Dialog mitlesen.
4. Deuten Sie auf die Frage an der Tafel. Ein Teilnehmer liest sie vor, ein anderer beantwortet sie.

Lösung

please

Erweiterung

4.2

5. Teilen Sie die KV 4.2 aus und bitten Sie die Teilnehmer, alle englischen Wörter in der Wortschlange zu finden.
6. Die Teilnehmer lesen die gefundenen Wörter vor. (1)
7. Ihre Teilnehmer suchen nun die Wörter aus der Wortschlange, die während des Gesprächs im Flughafencafé <u>nicht</u> genannt wurden.
8. Spielen Sie die CD ein zweites Mal ab und fragen Sie Ihre Teilnehmer nach den Getränken und Snacks, die nicht bestellt wurden. (2)

UNIT 4

Lösung der Kopiervorlage	*(1) steak, tea, sandwich, hamburger, pizza, cocktail, coffee, espresso, chocolate, hot dog, cappuccino, orange juice, cheeseburger, milk, cake* *(2) steak, sandwich, hamburger, cocktail, coffee, chocolate, hot dog, cappuccino, cheeseburger*
Hinweis	– Um das Hörverständnis zu trainieren, schließen die Teilnehmer beim zweiten Hören ihre Bücher. Zur Kontrolle kann der Dialog ein drittes Mal vorgespielt werden.
03 Quick check	1. Erklären Sie die Situation: Die Bestellung wird gebracht und Mary, die Bedienung, kann sich nicht mehr erinnern, wer was bestellt hat. 2. Ihre Teilnehmer lesen sich gegebenenfalls den Dialog 02 nochmals durch und ergänzen die Sätze. 3. Ein Teilnehmer ist Bill, eine Kursteilnehmerin Paula und eine weitere spielt Susie. 4. Sie selbst spielen Mary und fragen *The espresso?* und ‚Bill' antwortet, indem er seinen Satz vorliest. 5. Fragen Sie ‚Paula' und ‚Susie' nach *tea*, *pizza* und *juice*.
Lösung	*2 tea; 3 pizza, juice*
04 Practice	1. Schreiben Sie den folgenden Dialog an die Tafel: 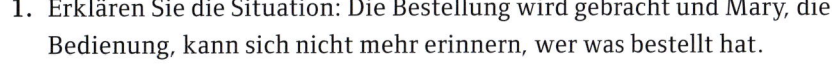 *A: The espresso is for Bill? B: Yes, it is. A: The tea is for Susie? B: No, it isn't. It's for Paula.* 2. Ihre Teilnehmer ergänzen jeder für sich die Sätze im Buch. 3. Die Teilnehmer lesen zusammen mit ihren Sitznachbarn die entstandenen Dialoge und besprechen die Antworten. 4. Lassen Sie die Dialoge paarweise vorlesen und korrigieren Sie, wo nötig.
Lösung	*1 Ben* *4 Ben* *2 isn't.* *5 aren't. They're for Susie.* *3 Bill*
Variante	1. Die Teilnehmer lesen den Dialog der Aufgabe 02 nochmals durch und notieren dazu auf einem extra Zettel eine richtige oder eine falsche Behauptung, z. B. *The espresso is for Susie.* 2. Teilen Sie Ihre Gruppe in zwei Teams, z. B. Team rechts und Team links. 3. Team rechts beginnt. Ein Teilnehmer liest seine Behauptung vor. 4. Ein Teilnehmer des anderen Teams muss ohne nachzulesen versuchen, diese Behauptung zu bestätigen oder zu korrigieren, z. B. *No, it isn't. It's for Paula.* 5. Bei richtiger Antwort ist das andere Team an der Reihe und so weiter.
Hinweis ▶ Teaching tip Belohnung	– Wenn Ihre Gruppe Spiele mit Wettbewerbscharakter mag, können Sie hier pro richtige Antwort einen Punkt an das jeweilige Team vergeben und anschließend das Siegerteam belohnen.

An espresso, please

| UNIT 4 | AN ESPRESSO, PLEASE |

05 Pronunciation

22

1. Erklären Sie Ihren Teilnehmern, dass eine korrekte Aussprache des *th* wichtig ist und anfangs viel geübt werden muss, damit es nicht wie *s* oder *d* klingt.
2. Oft ist es hilfreich, die Zunge beim Üben etwas herauszustrecken. Deuten Sie dabei auf das Bild. Machen Sie es Ihren Teilnehmern ruhig etwas übertrieben vor und sagen Sie dabei *the*.
3. Die Teilnehmer üben, *the* richtig auszusprechen.
4. Spielen Sie die CD ab. Die Teilnehmer sprechen die *th*-Wörter nach.
5. Die Teilnehmer diktieren ihrem Sitznachbarn die Wörter in unterschiedlicher Reihenfolge. Gehen Sie umher und helfen Sie bei der Aussprache, wo nötig.

Hinweise

– Beruhigen Sie die Teilnehmer, dass sie nicht gleich auf Anhieb ein perfektes *th* hervorbringen müssen, sondern auch zu Hause vor dem Spiegel in Ruhe üben können.
– Als einfache Artikulationshilfe für das stimmhafte und das stimmlose *th* können sie die Beispiele *three* und *this* und folgende Erklärung geben:
stimmhaft = geringer Luftstrom, stimmlos = größerer Luftstrom.
Ermuntern Sie Ihre Teilnehmer zum Lispeln, um die korrekte Zungenstellung zu erreichen: aus *Faser* wird dann z. B. ganz leicht *father*, aus *Maus* - *mouth*.

06 Practice

  ▶ Teaching tip Paarbildung

1. Schreiben Sie an die Tafel *A: A cup of tea, please. B: Here you are.*
2. Da die Teilnehmer bereits einige Reaktionen auf Bitten, Fragen oder Angebote kennen, probieren sie eigenständig, die richtige Reaktion im Buch anzukreuzen.
3. Lesen Sie nun die erste Frage vor und richten Sie dabei Ihren Blick auf einen Ihrer Teilnehmer. Ist die Antwort falsch, lesen Sie die Frage erneut vor und blicken Sie dabei einen anderen Teilnehmer fragend an.
4. Verfahren Sie entsprechend mit den weiteren Fragen und Sätzen.

Lösung

1B; 2A; 3A; 4B

07 LANGUAGE

1. Nehmen Sie zwei verschiedene Farben und markieren Sie die Anfangsbuchstaben der Wörter der Speisekarte an der Tafel. Benutzen Sie eine Farbe für die Konsonanten und eine andere Farbe für die Vokale.
2. Erklären Sie, dass beim unbestimmten Artikel *a* ein *n* angehängt werden muss, wenn das nachfolgende Wort mit einem Vokal beginnt. Schreiben Sie zur Verdeutlichung *an airport – a pub* an die Tafel und markieren Sie auch hier die Anfangsbuchstaben in der entsprechenden Farbe.
3. Ein Teilnehmer liest die weiteren Beispiele der *Language Box* vor.
4. Ihre Teilnehmer kommen abwechselnd zur Tafel und ordnen den Wörtern *a* oder *an* zu. Korrigieren Sie, wenn nötig.

Hinweis

– Manche der Teilnehmer können mit grammatischen Begriffen nichts anfangen. Versuchen Sie es gegebenenfalls mit den Bezeichnungen *Selbst-* und *Mitlaut*.

UNIT 4

08 Practice

🎧 23
▶ Teaching tip
Belohnung

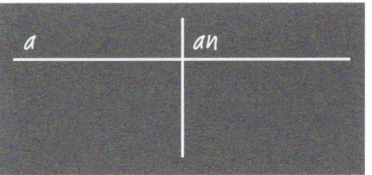

1. Bitten Sie Ihre Teilnehmer, die Bücher zu schließen.
2. Schreiben Sie eine zweispaltige Tabelle mit *a* und *an* an die Tafel und bitten Sie Ihre Teilnehmer, diese Tabelle auf ein Blatt zu übertragen.
3. Legen Sie Blätter mit den Wörtern *airport café, bottle of beer, espresso, glass of wine, nice pub, orange juice* verteilt auf ein bis zwei Tischen aus.
4. Die Teilnehmer kommen alle zusammen zu den Tischen, prägen sich einen Begriff ein, gehen zurück zu ihren Plätzen und schreiben den Begriff in die entsprechende Spalte unter *a* oder *an*.
5. Wenn alle Teilnehmer alle Begriffe aufgeschrieben haben, spielen Sie die CD zur Überprüfung der Ergebnisse ab.

Lösung

a bottle of beer, a glass of wine, a nice pub; an airport café, an espresso, an orange juice

Hinweise

– Wenn Ihre Teilnehmer zurück auf ihrem Platz feststellen, dass sie das Wort vergessen haben oder nicht (mehr) wissen, wie man es schreibt, können sie natürlich jederzeit zurückgehen, um sich das Wort nochmals anzusehen.
– Sie können aus dieser Aufgabe einen kleinen Wettbewerb machen und den schnellsten Teilnehmer belohnen.

09 Listen and repeat

24

1. Spielen Sie die CD einmal ab. Ihre Teilnehmer hören zu und sprechen nach.
2. Lassen Sie einen Teilnehmer die Zahlenreihe im Buch vorlesen und helfen Sie bei der Aussprache.
3. Ihre Teilnehmer üben die Zahlen, indem Partner A eine Zahl nennt und Partner B die Zahl davor sagt. Geben Sie ein Beispiel an der Tafel *A: seven B: six*. Dann nennt Partner B eine Zahl und Partner A die davorstehende Zahl und so weiter.

Variante ab 3.

3. Stellen Sie sich alle zusammen im Kreis auf.
4. Beginnen Sie mit *one*. Ihr linker Partner macht weiter mit *two*, dann geht es der Reihe nach weiter mit *three, four* und so weiter bis zur Zahl *ten*.
5. Nun geht es rückwärts *ten, nine, eight …*

10 LANGUAGE

1. Zeichnen Sie eine Tasse an die Tafel und schreiben Sie darunter *one cup*. Zeichnen Sie zwei Tassen an die Tafel und schreiben Sie *two cups* darunter. Verfahren Sie entsprechend mit dem Wort *glass*.
2. Lesen Sie die Einzahl- und Mehrzahlwörter aus der *Language Box* vor.
3. Machen Sie Ihre Teilnehmer darauf aufmerksam, dass die Mehrzahl normalerweise durch das Anhängen von *-s* gebildet wird, jedoch bei Wörtern, die auf einem s-, oder sch/tsch-Laut enden, *-es* angehängt wird. Unterstreichen Sie *–s* bzw. *–es* bei *cups* und *glasses*. Ergänzen Sie zur Verdeutlichung noch *one waitress* und *two waitresses*.
4. Ihre Teilnehmer suchen alle Mehrzahlwörter in Aufgabe 02 und schreiben diese an die Tafel. Korrigieren Sie, wo nötig.

Hinweis

– Erwähnen Sie Ausnahmen in der Mehrzahlbildung an dieser Stelle noch nicht.

An espresso, please

UNIT 4 — AN ESPRESSO, PLEASE

11 **Practice**

1. Diktieren Sie Ihren Teilnehmern nacheinander die Zahlen *one* bis *ten*.
2. Ihre Teilnehmer vergleichen ihre Worte mit der Schreibweise in Aufgabe 09 und verbessern eventuelle Fehler selbst.
3. Erklären Sie, dass Mary während ihrer Schicht einiges verkauft hat, Sie aber nicht genau wissen, wie viel.
4. Anhand der Bilder und Ziffern schreiben Ihre Teilnehmer auf, was und wie viel Mary verkauft hat.
5. Fragen Sie *Coffee?* und machen Sie mit den Fingern eine zählende Geste. Schreiben Sie die richtige Antwort an die Tafel, hier: **seven coffees**.
6. Verfahren Sie entsprechend mit den restlichen Begriffen.
7. Die Teilnehmer überprüfen die Schreibweise ihrer Wörter mit denen an der Tafel.

Lösung

eight hot dogs; three pieces of cake; one/an espresso; two bottles of water; four pieces of pizza; nine Diet Cokes™; five sandwiches; ten cups of tea; six hamburgers

Hinweis

– Lassen Sie die Begriffe für die nächste Übung an der Tafel stehen. Löschen Sie aber die Anzahl und die Mehrzahlendung.

---

12   **Listening**

25

1. Ein Teilnehmer liest die Situation und die Frage vor.
2. Deuten Sie auf die Begriffe an der Tafel und bitten Sie Ihre Teilnehmer zu raten, was die Schülerinnen bestellen werden. Ihre Teilnehmer nennen Ihnen die Begriffe auf Englisch. Unterstreichen Sie die genannten Begriffe an der Tafel.
3. Spielen Sie die CD einmal ab, und stellen Sie der Klasse die Frage *Welche Getränke und Snacks werden bestellt?* Haken Sie die Begriffe an der Tafel ab.
4. Fragen Sie *Wie viel wird bestellt?* Ihre Teilnehmer ergänzen die Anzahl der bestellten Getränke und Snacks an der Tafel.
5. Spielen Sie die CD zur Kontrolle nochmals ab.

Hinweis

– Achten Sie darauf, dass Ihre Teilnehmer wo nötig auch die Mehrzahlendung anfügen.

Transcript

G = Girl
M = Mary
25 T = Teacher

M Snacks and drinks for you all?
T Yes, please. Girls, girls! Shhh …!
 Erm, six hamburgers, and, erm, one, two, three, four pizzas, please.
M Six hamburgers and four pizzas. And drinks?
G Coke™!
T What's the magic word?
G Diet Coke™!
T Nine Diet Cokes™, please.
M Is that all?
T No, an espresso for me, please.
M OK, thanks.

---

13   **Round up**

▶ Teaching tip
Gruppenbildung

1. Bilden Sie Vierergruppen. Die Teilnehmer bestimmen einen Kellner bzw. eine Kellnerin.
2. Projizieren Sie das Bild von Seite 36 im Buch an die Wand.
3. Die Teilnehmern stellen sich vor, an einem Sonntagnachmittag gemütlich in einem Café zu sitzen und von der Karte an der Wand zu bestellen.
4. Als Hilfe sehen sich die Teilnehmer das Beispiel im Buch an.

UNIT 4

5. Der/Die Kellner/in fasst die Bestellung zusammen und fragt, ob das alles ist.
6. Gehen Sie durch die Klasse und helfen Sie, wo nötig.

Ideenpool

Aufgabe 08
für Teilnehmer mit Vorkenntnissen

1. Fragen Sie Ihre Teilnehmer, ob sie außer den genannten Wörtern weitere englische Nomen kennen und diese an die Tafel schreiben können.
2. Kennen andere Teilnehmer ein Wort nicht, können sie *What is it in German?* fragen.
3. Bitten Sie Ihre Teilnehmer, den unbestimmten Artikel *a/an* vor die Nomen zu setzen.
4. Die Teilnehmer können die Wörter in der Tabelle der Aufgabe 08 ergänzen.

Hinweis

– Sie können die Zahlen und Mehrzahlbildung wiederholen, indem Sie die unbestimmten Artikel wieder wegstreichen und sie wo möglich durch Zahlen ersetzen. Ihre Teilnehmer ergänzen die Nomen mit *-s/-es* und lesen die Begriffe vor, z. B. *two apples*.

Aufgabe 09
Um die Zahlen aufzufrischen oder besser einzuprägen, eignet sich auch dieses Spiel:

1. Stellen Sie sich alle zusammen im Kreis auf.
2. Beginnen Sie mit *one*. Ihr linker Partner macht weiter mit *two*, dann geht es der Reihe nach weiter mit *three*, *four* und so weiter bis zur Zahl *ten*.
3. Erklären Sie Ihren Teilnehmern, dass die Richtung gewechselt wird, sobald Sie einmal klatschen. Beispiel: *one*, *two*, *three* (Uhrzeigersinn) -klatsch- *four*, *five*, *six* usw. (gegen den Uhrzeigersinn), solange, bis Sie wieder klatschen. Spielen Sie das ein bis zwei Runden lang.
4. Jetzt wird beim Klatschen rückwärts gezählt. Beispiel: *one*, *two*, *three*, *four*, *five*, *six* -klatsch- *five*, *four*, *three*, *two*, *one*, -klatsch- und so weiter.
5. Spielen Sie das Spiel zwei Runden lang.

Hinweis

– Die Dauer des Spieles und die Reaktionsschnelligkeit bestimmen Sie als Spielmoderator durch die Anzahl und Schnelligkeit des Klatschens.

Hausaufgaben

Extra Practice Reminder:
☐ p._____   No. _____ _____ _____
☐ p._____   No. _____ _____ _____
☐ p._____   No. _____ _____ _____
☐ _____
☐ _____

An espresso, please

| VIDEO SUGGESTIONS | FILM 2 – MEETING IN A CAFÉ |

Es gibt verschiedene Einsatzmöglichkeiten für Videos im Unterricht – für langsamere und schnellere Gruppen, für absolute Anfänger und auch für Wiedereinsteiger. Es gibt englische Untertitel für das vollständige Video und deutsche Untertitel für die *Voice-Over-Parts*. Alle Videos haben eine Länge von 3,5 bis 4,5 Minuten. Nachfolgend finden Sie eine Idee für den Einsatz im Unterricht.

1. Ihre Teilnehmer sehen den Film *Meeting in a café* (Film 2). Spielen Sie das Video mit englischen Untertiteln ab.
2. Schreiben Sie *Where is it?* an die Tafel. Beim zweiten Abspielen versuchen die Teilnehmer herauszuhören, in welchem Ort die Handlung spielt. Stoppen Sie das Video bei 01:21. Die Teilnehmer nennen Ihnen den Ort. Schreiben Sie diesen an die Tafel.

Lösung

(Royal) Tunbridge Wells

3. Schreiben Sie *What are the names?* an die Tafel und bitten Sie Ihre Teilnehmer, sich auf die Namen der Mädchen, Chessie und Lottie, zu konzentrieren. Spielen Sie das Video ein zweites Mal bis 01:21 ab.
4. Kündigen Sie an, dass sich beide Mädchen in einem Café treffen. Setzen Sie das Video bis 02:18 fort. Zusammen mit ihrem Sitznachbarn überlegen sich die Teilnehmer, wie sich Chessie und Lotti begrüßen könnten, und bilden einen möglichen Dialog. Lassen Sie ein oder zwei Gruppen den Dialog in der Klasse vorspielen. Zeigen Sie zum Vergleich den Begrüßungsdialog auf dem Video.
5. Teilen Sie die Klasse in Gruppe A und B auf. Bitten Sie anschließend Gruppe A zu notieren, was man in *Woods Café* bestellen kann, und Gruppe B zu notieren, was die beiden Mädchen tatsächlich bestellen. Spielen Sie hierzu das Video von 01:30 bis 03:15 ab.
6. Sammeln Sie das Angebot sowie die Bestellungen an der Tafel.

Lösung

Café: piece of cake, sandwich, tea, coffee, cheesecake, chocolate cake; Chessie: a cup of tea; Lotti: an espresso, a bit of cheesecake, a little piece of chocolate cake

Sie können anschließend die Gespräche im Film zur Kontrolle noch einmal abspielen (01:30-03:15).

7. Bilden Sie Dreiergruppen. Ihre Teilnehmer sind jetzt selbst in *Woods Café* und bestellen anhand des Angebots auf der Tafel. Gehen Sie umher und helfen Sie, wo nötig.
8. Zeigen Sie abschließend das Video noch einmal im Ganzen – dieses Mal wenn Sie möchten mit deutschen Untertiteln.

Erweiterung

9. Schreiben Sie an die Tafel *Tunbridge Wells is / is not* ... und darunter *nice – bad*. Die Teilnehmer geben Ihnen den Satz, der für sie richtig ist. Sie können an dieser Stelle auch kurz auf Deutsch über den kleinen Ort diskutieren.

Hinweis

- Ihre Teilnehmer können sich zu Hause das Video nochmals ansehen, die Aufgaben im Buch auf Seite 133 dazu lösen und mit dem Lösungsschlüssel auf Seite 166 selbst kontrollieren.

Consolidation

Consolidation Units bieten Ihnen die Möglichkeit, Wortschatz und Grammatik aus den vorangegangenen Units zu vertiefen, aufzufrischen und zu erweitern.

Lernziele
- Wiederholen und Vertiefen der Lernziele aus Unit 1–4
- Die wichtigsten Farbwörter kennenlernen

Materialien
- Starter: Poster: Great Britain
- Aufgabe 03: KV 5.1, eine Kopie pro Paar
- Aufgabe 04: Farbkarten, Knöpfe o. Ä. in verschiedenen Farben, zwei x pro Farbe

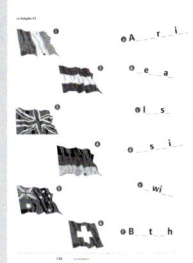

Starter

1. Fragen Sie, welche englischen Ländernamen die Teilnehmer bereits kennen.
2. Die Teilnehmer kommen an die Tafel und schreiben die englischen Ländernamen, die sie aus den vorangegangenen Units kennen.
3. Entlocken Sie Ihren Teilnehmern eventuell noch fehlende Länder, indem Sie Fragen stellen, wie z. B. *Where is Innsbruck?* oder *Where is London?*

Lösung

Germany; Austria; Australia; England; Ireland; Switzerland; Great Britain

4. Ihre Teilnehmer lesen nun die Länder an der Tafel vor. Helfen Sie wo nötig bei der Aussprache.

Hinweis

– Da *Scotland* und *Wales* noch nicht thematisiert wurden, gehen Sie noch nicht näher auf *Great Britain* ein. Hilfreich für evtl. Fragen ist ein Poster von Großbritannien, anhand dessen sich der Begriff *Great Britain* ohne viele Worte verdeutlichen lässt.
– Nennen Ihre Teilnehmer weitere englische Ländernamen, schreiben Sie diese mit an die Tafel und denken Sie daran, sie den anderen Teilnehmern zu erklären.

UNIT 5 — CONSOLIDATION

01 Where are they from?

 ▶ Teaching tip Gruppenbildung

```
A This is …
B He's from …, She's from …,
  They're from …
C He …, She …, They …
D It's …
```

1. Schreiben Sie die Satzfragmente in der Randspalte untereinander an die Tafel.
2. Deuten Sie im Buch auf das Bild von Becky, sagen Sie *This is Becky.* und zeigen Sie dabei auf Punkt A an der Tafel. Lesen Sie die weiteren Informationen zu Becky in den Sprechblasen vor. Deuten Sie dabei immer auf die entsprechenden Satzanfänge an der Tafel.
3. Bilden Sie Zweiergruppen und ordnen Sie jedem Paar eine Person auf dem Bild zu.
4. Erklären Sie kurz die Situation: Becky gibt eine Party für Gäste aus verschiedenen Ländern.
5. Jede Gruppe schreibt nun über ‚ihren' Partygast Sätze wie im Beispiel an der Tafel.
6. Die Teilnehmer kommen paarweise an die Tafel, stellen ‚ihre' Person vor und deuten dabei auf die Satzanfänge an der Tafel.

Lösung

> 2 This is Petra and Helmut. They're from Germany. They're from Rostock. It's in the north.
> 3 This is Brandon. He is from Ireland. He's from Cork. It's in the south.
> 4 This is Maria. She is from Austria. She's from Innsbruck. It's in the west.
> 5 This is Olivia and Florian. They are from Switzerland. They're from Klosters. It's in the east.
> 6 This is Brett. He is from Australia. He's from Darwin. It's in the north.

02 Nationalities

27

1. Kündigen Sie Ihren Teilnehmern an, dass sie Ländernamen und Nationalitäten hören werden, die sie nachsprechen sollen.
2. Spielen Sie die CD ab. Ihre Teilnehmer sprechen nach.
3. Schreiben Sie *Becky is from England. She is English.* an die Tafel. Schreiben Sie *Helmut und Petra are from* … und ergänzen Sie den Satz, sobald Sie die Antwort *Germany* hören. Schreiben Sie darunter *They're* … und geben Sie den Teilnehmern kurz Zeit, Ihnen die Lösung *German* zu nennen.
4. Zu zweit beantworten die Teilnehmer Nummer 3–6.
5. Die Teilnehmer lesen ihre Lösungen vor. Schütteln Sie bei falscher Lösung den Kopf und wenden Sie sich an die Klasse, um die richtige Lösung zu erhalten.

Lösung

> 2 Petra and Helmut are German; 3 Brandon is Irish; 4 Maria is Austrian; 5 Olivia and Florian are Swiss; 6 Brett is Australian.

Hinweise

- Achten Sie bei *Germany* und *German* auf die Aussprache und sprechen Sie, wenn nötig, die beiden Wörter noch einmal vor.
- Beantworten Sie die Beispiele an der Tafel selbst, wenn Sie nach einer kurzen Denkpause die richtigen Antworten nicht hören.
- Sprechen Sie beim an die Tafel Schreiben die Wörter und Sätze laut mit.

03 Flags

  ▶ Teaching tip Paarbildung

1. Deuten Sie auf die Flaggen im Buch und lesen Sie die Länder dazu vor.
2. Ein Teilnehmer liest die lilafarbene Sprechblase *Number one* … vor.
3. Sagen Sie *Number two is* … und machen Sie eine kleine Pause. Ihre Teilnehmer ergänzen den Satz. Verfahren Sie ebenso mit *Number Three* und *Four*.

	4. Sollte eine Antwort nicht korrekt sein, richten Sie die Frage an einen anderen Teilnehmer.
Lösung	*2 Number two is the Austrian flag; 3 Number three is the Australian flag; 4 Number four is the Swiss flag.*
	5. Schreiben Sie, wenn möglich mit Stiften in den passenden Farben, *blue red white* an die Tafel. 6. Richten Sie die Frage im Buch *What colour is the British flag?* an die Klasse. Beginnen Sie mit *It's…* Ihre Teilnehmer ergänzen den Satz mit den Farbwörtern. 7. Fragen Sie auch nach den anderen Flaggen und deuten Sie bei den Antworten jeweils auf die genannten Farben.
Variante ab 4. 5.1	4. Bilden Sie Zweiergruppen. 5. Teilen Sie pro Paar eine Kopie der Kopiervorlage 5.1 aus. Die Teilnehmer ergänzen die Nationalitäten zu den Flaggen. 6. Gehen Sie mit Ihren Teilnehmern der Reihe nach die Nationalitäten durch. Ihre Teilnehmer bilden dazu jeweils einen Satz, z. B. *Number one is Ireland, so it's the Irish flag.*
Lösung	*2 Number two is Austria, so it's the Austrian flag; 3 Number three is Australia, so it's the Australian flag; 4 Number four is Switzerland, so it's the Swiss flag.*
Lösung der Kopiervorlage	*1 Ireland – c Irish; 2 Austria – d Austrian; 3 Great Britain – f British; 4 Germany – b German; 5 Australia – a Australian; 6 Switzerland – e Swiss*

04 What colour?

▶ Teaching tip Paarbildung

28

1. Ihre Teilnehmer hören die Farben, lesen mit und sprechen nach.
2. Schreiben Sie an die Tafel *What colour is this?* Halten Sie den Whiteboardmarker bzw. die Kreide hoch und stellen Sie die Frage noch einmal. Schreiben Sie langsam *It's …*, damit Ihre Teilnehmer Ihnen die Lösung zurufen können, und ergänzen Sie den Satz.
3. Halten Sie verschiedenfarbige Blätter hoch – möglichst Blätter in allen angegebenen Farben – und helfen Sie Ihren Teilnehmern, wenn sie nicht gleich die Farbe benennen können, z. B.: *It's purple*.
4. Deuten Sie auf die bunte Zahlenreihe im Buch und lesen Sie die Frage *What colour is number five?* vor. Bestätigen Sie die Antwort, indem Sie sie wiederholen: *It's orange*.
5. Jeder Teilnehmer nimmt sich ein farbiges Blatt. Immer zwei Personen mit einem Blatt der gleichen Farbe bilden eine Zweiergruppe.
6. Ihre Teilnehmer befragen sich in Partnerarbeit abwechselnd nach den Farben der anderen Zahlen.

Hinweise
- Anstelle von farbigem Kopierpapier können Sie auch Gegenstände oder große Stifte, mit Wasserfarben bemalte Kartonstücke oder Waschlappen mitbringen.
- Gehen Sie umher und helfen Sie – auch bei der Aussprache.

| UNIT 5 | CONSOLIDATION |

05 Fill in

1. Schreiben Sie langsam *Maria is from Innsbruck in Austria. She is Austrian. The flag is red and white.* Stoppen Sie immer kurz vor den Details, wie z. B. vor Innsbruck, um es Ihren Teilnehmern zu ermöglichen, die Sätze zu ergänzen.
2. Teilen Sie Gummibärchen aus. Immer zwei Personen mit einem Gummibärchen der gleichen Farbe bilden eine neue Zweiergruppe. Geben Sie den Paaren Zeit, die Aufgabe gemeinsam zu lösen.
3. Unterteilen Sie die Tafel fünfmal. Schreiben Sie in die einzelnen Spalten je einen Namen aus dieser Aufgabe.
4. Jede Gruppe schreibt die Informationen zu ‚ihrer' Person an die Tafel, z. B. *Becky – England, English, red, white and blue.* Ihre Teilnehmer können natürlich auch ganze Sätze anschreiben.
5. Ihre Teilnehmer können am Schluss ihre Lösung im Buch mit der an der Tafel vergleichen.

Lösung

Becky: England, English, red, white and blue
Brandon: Ireland, Irish, green, white and orange
Florian: Switzerland, Swiss, red and white
Brett: Australia, Australian, red, white and blue

Hinweise

– Alternativ zu Gummibärchen können Sie Schokolinsen, Obst, Knöpfe, Farbkarten oder Buntstifte verwenden. Sortieren Sie aber vor, damit Sie immer nur jeweils zwei bzw. drei Objekte einer Farbe haben.
– Wenn Sie eine größere Klasse haben, können Sie hier auch Dreiergruppen bilden.
– Korrigieren Sie Fehler erst am Schluss oder lassen Sie die Teilnehmer die Fehler selbst verbessern.

06 Now you

▶ Teaching tip Gruppenbildung

29

1. Bilden Sie Dreiergruppen.
2. Jedes Gruppenmitglied sucht sich eine Person aus Aufgabe 05 aus.
3. Die Teilnehmer stellen sich innerhalb ihrer Gruppe mit ihren ‚neuen' Identitäten gegenseitig vor. Sie orientieren sich an den Beispielen im Buch: *Maria, this is Brandon …*

07 Practice

▶ Teaching tip Drama in the classroom

30

1. Fragen Sie einen Teilnehmer, von dem Sie wissen, dass er nicht aus Hamburg stammt *Are you from Hamburg?* Schreiben Sie die verschiedenen Antwortmöglichkeiten untereinander an die Tafel. *No, I'm from (Berlin). No, I'm not. I'm from (Berlin).*
2. Zusammen mit ihrem Sitznachbarn ergänzen die Teilnehmer die Sätze im Buch.
3. Spielen Sie die CD ab. Die Teilnehmer überprüfen ihre Antworten.
4. Mit verteilten Rollen lesen die Teilnehmer den Dialog vor.

Lösung

aren't; I'm; is; I'm; Are; are; We're

Consolidation

Hinweis		– Erinnern Sie Ihre Teilnehmer daran, dass die Kurzform bei bejahten Kurzantworten nicht möglich ist. *Are you from London?* ~~*Yes, we're.*~~ *Yes, we are.* *Are you German? No, we aren't.*

08 Practice

1. Schreiben Sie an die Tafel *Are you both German?* und schauen Sie Ihre Teilnehmer abwartend an.
2. Notieren Sie alle Antworten der Teilnehmer, besprechen Sie gegebenenfalls falsche Antworten und löschen Sie diese anschließend.
3. Ihre Teilnehmer ordnen im Buch die möglichen Antworten den Fragen zu.
4. Die Teilnehmer vergleichen ihre Antworten mit ihrem Sitznachbarn, indem sie sich die Fragen stellen und sie beantworten.
5. Ein Teilnehmer liest die erste Frage-Antwort-Kombination im Buch vor. Nicken Sie, wenn die Antwort richtig ist.

Lösung: *2E; 3B; 4C; 5A; 6D*

09 Now you

▶ Teaching tip
Paarbildung

1. Stellen Sie der Klasse eine Frage über einen Teilnehmer, z. B. *Is (Manfred) from near here?* Die Teilnehmer versuchen, die Frage zu beantworten.
2. Die Teilnehmer überlegen sich selbst mehrere Fragen mit *Are …?* oder *Is …?*, ihre Kurskollegen betreffend, und notieren diese in Aufgabe 09 im Buch.
3. Teilen Sie die Klasse in Zweiergruppen auf.
4. Die Teilnehmer stellen sich gegenseitig ihre Fragen.
5. Gehen Sie umher und achten Sie darauf, dass die Fragen richtig gestellt und beantwortet werden.

Erweiterung
6. Die Teilnehmer stellen Ihnen Fragen zu Ihrer Person. *Are you from here?*

10 Round up

1. Erklären Sie Ihren Teilnehmern, dass sie die Antworten mit je einem Wort zu einem richtigen Satz oder einer richtigen Frage ergänzen sollen. Lesen Sie das Beispiel vor.
2. Geben Sie Ihren Teilnehmern zum Beantworten etwas Zeit.
3. Bestimmen Sie einen Teilnehmer zum Sprecher und zwei zur Jury. Der Sprecher liest der Klasse nacheinander die erste Hälfte jeden Minidialoges vor, die Klasse antwortet. Die Jury bekommt nach jeder Antwort die Möglichkeit, eventuelle Fehler zu verbessern.

Lösung: *2 isn't; 3 is; 4 Swiss; 5 am; 6 we; 7 Austria; 8 white; 9 she; 10 are*

Hinweise
– Wenn die Jury einen Fehler nicht erkennt, geben Sie einen Tipp.

Consolidation

UNIT 5 — CONSOLIDATION

Was habe ich in Unit 1–5 gelernt?	In dieser Rubrik können sich Ihre Teilnehmer selbst testen, ihren Lernstand überprüfen und eventuellen Übungsbedarf herausfinden.
	Da diese Seite hier zum ersten Mal vorkommt, können Sie sie in Ihren Unterricht mit einbeziehen, damit Ihre Teilnehmer sehen, wie wichtig es ist, sich in Situationen hinein zu versetzen und zu versuchen, in der Fremdsprache zu agieren.
🕐	1. Um Ihre Teilnehmer in eine Situation zu versetzen, bei der sie das bisher Erlernte umsetzen können, bitten Sie Ihre Teilnehmer, sich vorzustellen, sie wären in einem Hotel und möchten an der Poolbar einen Kaffee trinken. Dort würden sie auch neue Leute kennenlernen.
	2. Die Teilnehmer überlegen kurz, wie sie die Sprechabsichten bestellen, sich begrüßen und vorstellen und über andere sprechen realisieren würden und nennen Ihnen ihre Ideen/Sätze.
	3. Sammeln Sie die Antworten an der Tafel und korrigieren Sie sie beim Schreiben.
	4. Die Teilnehmer versuchen, die einzelnen Aufgaben im Buch zu lösen. Gehen Sie umher und geben Sie Hilfestellung.
	5. Die Teilnehmer korrigieren die Aufgaben anhand der Lösung im Buch selbst.
	6. Klären Sie noch offene Fragen.
Lösung	*1 name; 2 I'm; 3 north/east/south/west; 4 German/Austrian/Swiss; 5 How; 6 fine; 7 Sorry; 8 Goodbye; 9 meet; 10 Where; 11 She; 12 from; 13 Are; 14 I'm, 15 isn't; 16 aren't; 17 Is; 18 Are; 19 he isn't; 20 they are*
Hinweis	– Generell können Sie diese Seiten als Hausaufgabe aufgeben und eventuelle Fragen in der darauffolgenden Stunde klären. Die Ergebnisse der einzelnen Teilnehmer können Sie sich zeigen lassen, damit auch Sie selbst einen besseren Überblick haben. – Die Teilnehmer können bei vermehrtem Übungsbedarf die *Extra-Practice* Seiten noch einmal durchgehen und noch offene und nicht gemachte Übungen nachholen.

VIDEO SUGGESTIONS — FILM 3 – A TRIP TO LIVERPOOL

Es gibt verschiedene Einsatzmöglichkeiten für Videos im Unterricht – für langsamere und schnellere Gruppen, für absolute Anfänger und auch für Wiedereinsteiger. Es gibt englische Untertitel für das vollständige Video und deutsche Untertitel für die *Voice-Over-Parts*. Alle Videos haben eine Länge von 3,5 bis 4,5 Minuten. Nachfolgend finden Sie eine Idee für den Einsatz im Unterricht.

Vorbereitung

– Bringen Sie eine Karte von *Great Britain* mit.

1. Ihre Teilnehmer sehen das Video *A trip to Liverpool* (Film 3). Spielen Sie das Video mit englischen Untertiteln ab.
2. Fragen Sie *What's the name of the city?* Schreiben Sie *Liverpool* an die Tafel und fragen Sie *Where is it?* Zeigen Sie den Ort auf der Karte.
3. Fragen Sie *What is in Liverpool?* und bitten Sie Ihre Teilnehmer, sich darauf zu konzentrieren, was man in Liverpool alles sehen kann. Spielen Sie das Video noch einmal ab und schreiben Sie alle Orte, die Ihnen genannt werden, an die Tafel. Zur Kontrolle können Sie anschließend das Video noch einmal zeigen.

Lösung

(John Lennon International) airport; (Lime Street) railway station/train station; football stadium; Bill Shankly; (city) pub; (football club) Superstore

4. Fragen Sie die Teilnehmer, welche Transportmittel sie auf Englisch bereits kennen, und sammeln Sie diese an der Tafel.
5. Bitten Sie Ihre Teilnehmer herauszufinden, welche Transportmittel es in Liverpool gibt. Spielen Sie das Video von 01:11 bis 02:25 ab. Haken Sie die genannten Transportmittel an der Tafel ab bzw. ergänzen Sie entsprechend.

Lösung

bus, taxi, underground

6. Bevor Sie das Video noch einmal abspielen, fragen Sie Ihre Teilnehmer, was sie noch an Informationen verstanden haben. Abschließend zeigen Sie das Video nochmals mit deutschen Untertiteln.

Hinweis

– Ihre Teilnehmer können sich zu Hause das Video nochmals ansehen, die Aufgaben im Buch auf Seite 133 dazu lösen und mit dem Lösungsschlüssel auf Seite 166 selbst kontrollieren.

| UNIT 6 | LET'S KEEP IN TOUCH |

Let's keep in touch

6

Lernziele	• Adressen und Telefonnummern austauschen • Buchstabieren • Jemanden um Wiederholung bitten • Rückfragen stellen, um Verständnis zu sichern
Grammatik	• Fragen mit *can* • Das Alphabet
Materialien	• Starter: pro Teilnehmer und Trainer drei Karten mit Zahlen zwischen eins und zehn • Aufgabe 02: KV 6.1, eine Kopie pro Vierergruppe, Kärtchen ausschneiden • Aufgabe 06: DIN A4 Blätter mit den folgenden Wörtern: *Can*; *I*; *have*; *your*; *phone*; *number*; *please?* (ein Wort pro Blatt) • Ideenpool: KV 6.2, eine Kopie, zum Ausschneiden, ein Bingokärtchen pro Teilnehmer

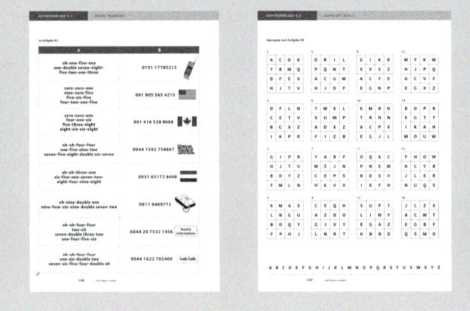

Starter

1. Teilen Sie an jeden Teilnehmer immer drei Zählkarten aus und nehmen Sie sich selbst ebenfalls drei Karten.
2. Halten Sie zwei Ihrer Karten hoch. Die Zahlen sollten eine Lücke aufweisen. Die Teilnehmer nennen Ihnen die Zahlen, die zwischen den beiden hochgehaltenen Zahlen stehen. Sie haben zum Beispiel die Karten eins, zwei und fünf. Halten Sie eins und fünf hoch. Die Teilnehmer nennen Ihnen die Zahlen zwei, drei und vier.
3. Der Teilnehmer, der am schnellsten geantwortet hat, hält nun seinerseits zwei seiner Kärtchen hoch usw.

01 Listen and repeat

31

1. Deuten Sie auf das Bild und lesen Sie die Situation im Buch vor.
2. Spielen Sie die CD ab. Die Teilnehmer sprechen den Dialog nach.
3. Wählen Sie zwei Teilnehmer aus, die den Dialog mit verteilten Rollen noch einmal im Plenum vorlesen.

UNIT 6

Background	**Null – oh/zero** Falls Ihre Teilnehmer Sie nach den Unterschieden zwischen den Worten *oh/zero* fragen, können Sie ihnen an dieser Stelle sagen, dass *oh* bei Telefonnummern benutzt wird.
02 Now you	1. Schreiben Sie *What's your phone number?* an die Tafel und stellen Sie diese Frage einem Ihrer Teilnehmer. 2. Schreiben Sie die genannte Telefonnummer an der Tafel mit. 3. Schreiben Sie über die Nummer *So that's …* und lesen Sie die Nummer vor. Fragen Sie den Teilnehmer, ob die Telefonnummer so richtig ist. Schreiben Sie *That's right!* an die Tafel, falls ja und *No, it's …*, sollte die Telefonnummer an der Tafel falsch sein. Lassen Sie sich in diesem Fall die Nummer noch einmal diktieren. 4. Diktieren Sie langsam Ihre eigene Telefonnummer. Deuten Sie auf *So that's …* an der Tafel und bitten Sie einen Teilnehmer, Ihre Telefonnummer für alle noch einmal zu wiederholen. Sagen Sie *That's right!* für den Fall, dass die Nummer stimmt, bzw. *No, it's (…)*, falls nicht. 5. Die Teilnehmer tauschen zusammen mit ihrem Sitznachbarn ihre Telefonnummern aus und vergewissern sich, dass diese richtig diktiert und notiert wurden. Hierbei orientieren sie sich am Musterdialog im Buch.
Hinweis	– Anstelle der eigenen Telefonnummer kann auch eine fiktive Nummer diktiert werden.
Background	Erklären Sie Ihren Teilnehmern, dass im Britischen Englisch doppelte Zahlen gerne zusammengefasst werden, z. B. *4 4 = double 4*. Im Amerikanischen werden die Zahlen auch einzeln genannt, z. B. *4 – 4*.
Variante ▶ Teaching tip Belohnung 6.1	1. Bilden Sie Vierergruppen. 2. Teilen Sie pro Vierergruppe einen Satz Kärtchen der Kopiervorlage 6.1 aus. Die Kärtchen werden gleichmäßig unter den Gruppenmitgliedern verteilt – jeder bekommt zwei A und zwei B Kärtchen. 3. Ein Gruppenmitglied sucht sich eins seiner Kärtchen aus, auf dem die Zahlen in Worten geschrieben stehen (A), liest die Telefonnummer darauf vor und legt das Kärtchen vor sich auf den Tisch. Die Person, die diese Telefonnummer in Ziffern auf einem ihrer Kärtchen stehen hat, legt dieses Kärtchen (B) zum Vergleich ebenfalls auf den Tisch. Stimmen beide Nummern überein, bleiben die Kärtchen liegen. Wenn nicht, nehmen sich die beiden Teilnehmer jeweils das Kärtchen des anderen zu ihren eigenen Karten dazu. 4. Der nächste Teilnehmer liest eine in Worten geschriebene Telefonnummer vor und das entsprechende Ziffernkärtchen wird wieder auf den Tisch gelegt usw. 5. Stoppen Sie das Spiel nach vier Minuten. Die Gruppe, die die meisten Paare vor sich auf dem Tisch liegen hat, hat gewonnen.
Hinweise zum Spiel	– Das Spiel wird im Uhrzeigersinn gespielt. – Nur A-Kärtchen werden vorgelesen.

UNIT 6 — LET'S KEEP IN TOUCH

03 Dialogue

🎧 32 ⏱ ▶ Teaching tip Gruppenbildung

1. Schreiben Sie *postcode, home number, mobile number* an die Tafel. Schreiben Sie Ihre eigenen oder fiktive Kontaktdaten an die Tafel.
2. Fragen Sie Ihre Teilnehmer nacheinander *What's the postcode? What's my home number? What's my mobile number?* und deuten Sie dabei auf die Wörter an der Tafel. Helfen Sie den Teilnehmern, indem Sie bei Ihren Kontaktdaten auf die richtige Nummer zeigen.
3. Ihre Teilnehmer hören den Dialog und lesen das Gespräch zwischen Gerda und Maraike mit.
4. Schreiben Sie *What's 04158? A phone number or a postcode?*
5. Die Teilnehmer lesen den Text – jeder für sich – erneut durch und beantworten die Frage. Alternativ können Sie Track 32 auch noch einmal abspielen.

Lösung — *a postcode*

Variante

1. Die Teilnehmer schließen zu Beginn der Aufgabe die Bücher.
2. Schreiben Sie alle Nummern aus dem Dialog an die Tafel. Achten Sie darauf, die Nummern durcheinander anzuordnen. Fügen Sie drei weitere Nummer hinzu, z. B. *14, 0151 151705088* und *05148*.
3. Lassen Sie die Nummern von verschiedenen Teilnehmern laut vorlesen.
4. Spielen Sie die CD einmal ab. Die Teilnehmer konzentrieren sich beim Hören auf Zahlen und Nummern, die genannt werden, und notieren diese.
5. Die Teilnehmer nennen Ihnen alle Zahlen und Nummern, die sie gehört haben. Haken Sie diese an der Tafel ab. Wischen Sie die übriggebliebenen Zahlen und Nummern von der Tafel.
6. Überprüfen Sie zusammen mit Ihren Teilnehmern, ob die Lösung richtig ist, indem Sie den Dialog ein weiteres Mal abspielen.
7. Schreiben Sie *What's 04158? A phone number or a postcode?* und lassen Sie die Frage von den Teilnehmern beantworten.

Hinweis

– Sie können Ihren Teilnehmern die Nummern an der Tafel auch diktieren, so dass sie jeder Teilnehmer vor sich hat.
– Weisen Sie darauf hin, dass Postleitzahl in den USA *zip code* heißt.

04 Quick check

⏱

1. Ihre Teilnehmer ordnen, jeder für sich, die Fragen (1–4) den Antworten (A–D) zu.
2. Die Teilnehmer stellen ihrem Sitznachbarn abwechselnd die Fragen und geben ‚ihre' Antworten.
3. Lassen Sie vier Paare die Lösungen vorlesen. Sollte eine Antwort falsch sein, stellen Sie diese Frage einem anderen Paar.

Lösung — *1B; 2C; 3D; 4A*

Hinweis

– Falls Ihre Teilnehmer Schwierigkeiten beim Zuordnen haben, können sie den Dialog der Aufgabe 03 noch einmal lesen.

UNIT 6

05 LANGUAGE

What's your phone number?
So that's ...
Can I have your name, please?
Can I check that, please?
Can you say that again, please?

1. Schreiben Sie *What's your phone number?* und notieren Sie die Telefonnummer, die Ihnen genannt wird, an der Tafel.
2. Schreiben Sie *So that's ...* und lesen Sie die Telefonnummer noch einmal vor.
3. Schreiben Sie *Can I have your name, please?* und schreiben Sie den Namen, den Sie hören, an die Tafel. Wenn Ihre Teilnehmer Ihnen keinen Namen nennen, wiederholen Sie die Frage noch einmal und geben Sie auch die den Teilnehmern bekannte Variante *What's your name?*
4. Schreiben Sie *Can I check that, please?* an die Tafel, lesen Sie den Namen noch einmal vor und sagen Sie fragend *OK?*
5. Stellen Sie eine weitere Frage mit *can*, machen Sie eine Geste, als könnten Sie das Gesagte nicht verstehen. Schreiben Sie *Can you say that again, please?* an die Tafel, während Sie diese Frage laut stellen und auf Antwort warten.
6. Ihre Teilnehmer lesen die Fragen der *Language Box* vor. Bilden Sie hier mit den Teilnehmern einen kleinen Dialog, wie in 04.

Hinweis
– Achten Sie darauf, dass Ihre Teilnehmer das kleine Wörtchen *please* nicht vergessen.

06 Practice

1. Bereiten Sie Blätter mit den Wörtern des ersten Satzes vor. Geben Sie jedem zweiten Teilnehmer eines der vorbereiteten Blätter in die Hand.
2. Alle Teilnehmer kommen in einem Teil des Raumes zusammen. Dabei halten diejenigen mit Blatt ‚ihr' Blatt vor ihren Körper, das Wort für jeden sichtbar.
3. Die anderen Teilnehmer stellen die ‚Blattträger' so auf, dass die Reihenfolge der Wörter eine richtige Frage ergibt.
4. Einer der Teilnehmer schreibt den entstandenen Satz an die Tafel.
5. Die Teilnehmer setzen sich wieder und überprüfen zusammen mit ihrem Sitznachbarn die Frage an der Tafel mit der im Buch und korrigieren sie, wenn nötig.
6. In Paaren werden die Fragen 2–4 gebildet. Drei Teilnehmer schreiben je eine Frage an die Tafel. Lassen Sie die Teilnehmer eventuelle Fehler korrigieren.

Lösung
1 Can I have your phone number, please?; 2 Can I have your address, please?; 3 Can I have your postcode, please?; 4 Can you say the address again, please?

Hinweise
– Unter Umständen kann es anfangs ein bisschen lebhaft werden, da sich die Mitglieder vielleicht nicht gleich über die Frage einig sind und alle gleichzeitig aktiv werden.
– Lassen Sie die Fragen an der Tafel stehen. Sie brauchen sie in Aufgabe 07.

07 Now you

▶ Teaching tip
Paarbildung

1. In Partnerarbeit stellen sich die Teilnehmer gegenseitig die Fragen an der Tafel und beantworten sie. Sie können auch eigene Fragen nach dem Muster im Buch bilden.
2. Gehen Sie umher und helfen Sie gegebenenfalls bei den Antworten.

Hinweis
– Die Teilnehmer können auch mit fiktiven Angaben antworten.

Let's keep in touch

UNIT 6		LET'S KEEP IN TOUCH

08 Pronunciation

🎧 33 ⏱ ▶ Teaching tip Gruppenbildung

1. Lesen Sie den Einleitungssatz im Buch vor.
2. Spielen Sie die CD ab und bitten Sie Ihre Teilnehmer, die Wörter nachzusprechen.
3. Lassen Sie verschiedene Teilnehmer die Wörter an die Tafel schreiben und laut vorsprechen.
4. Bilden Sie Zweiergruppen und geben Sie Ihren Teilnehmern Zeit, mit den Wörtern einen Satz zu bilden.
5. Lassen Sie alle entstandenen Sätze an die Tafel schreiben und nach dem Korrigieren vorlesen, um nochmals auf die Aussprache achten zu können.

Hinweis

– Weitere bekannte Wörter, z. B. *snack*, *sandwich*, dürfen hier mit dazu genommen werden.

---

09 Listen and repeat

🎧 34 ⏱

1. Spielen Sie die CD ab und bitten Sie Ihre Teilnehmer, sich das Alphabet zunächst nur anzuhören.
2. Ihre Teilnehmer hören das Alphabet ein zweites Mal und sprechen nach.
3. Schreiben Sie an die Tafel *Can you spell your first name, please?* Schreiben Sie gleich die Antwort aus dem Buch dazu. *Yes, it's Inge, I-N-G-E* und sagen Sie dazu laut und deutlich die einzelnen Buchstaben. Kreisen Sie *spell* ein und ziehen Sie von *spell* einen Pfeil zu *I-N-G-E*, um Ihren Teilnehmern das Wort *spell* noch besser zu verdeutlichen.
4. Schreiben Sie unter *Inge* Ihren eigenen Vornamen, den Sie dabei laut und deutlich buchstabieren.
5. Ihre Teilnehmer buchstabieren mit ihrem Sitznachbarn die beiden Namen an der Tafel.
6. Gehen Sie umher und helfen Sie, wo nötig.

Hinweise

– Wenn Sie merken, dass sich die Teilnehmer mit der Aussprache noch schwer tun, können Sie die CD auch ein drittes Mal abspielen.
– Machen Sie Ihre Teilnehmer auf das Buchstabieren des Umlauts und des scharfen s / ß aufmerksam.

Background

Der deutsche Umlaut wird im Englischen mit e umschrieben, also *ä = ae* usw. Weitere Möglichkeiten sind: *ä = a umlaut* oder *a with two dots*.
Das *ß* (scharfes S bzw. Scharf-S oder auch Eszett) wird als *double s* buchstabiert. Andere doppelte Konsonanten können einzeln buchstabiert werden, *p-p*, *t-t* oder auch mit dem Wort *double*, also *double p*, *double t* usw.

---

10 Practice

⏱

1. Schreiben Sie an die Tafel *Brigitte Schmidt*. Unterstreichen Sie den Buchstaben *t* in beiden Wörtern. Sagen Sie dazu *t* und *double t*.
2. Buchstabieren Sie beide Namen einmal langsam und deutlich.
3. Besprechen Sie mit Ihren Teilnehmern die Besonderheiten des Umlauts, sofern Sie dies nicht schon bei Aufgabe 09 gemacht haben.
4. Bilden Sie Zweiergruppen. Ihre Teilnehmer buchstabieren sich gegenseitig die Namen im Buch.

UNIT 6

Erweiterung	5. Ihre Teilnehmer überlegen sich zwei wenig bekannte Wörter einer anderen Sprache, ein Dialektwort oder einen Namen, ohne es den anderen zu verraten. 6. Die Teilnehmer diktieren sich gegenseitig ‚ihre' Wörter. 7. Die Teilnehmer suchen sich das für sie lustigste oder schönste Wort ihres Partners aus und diktieren es der Klasse. Sie als Lehrer schreiben das Wort mit.
Hinweise *K-u-a-h-w-e-g-l*	– Bei einer ungeraden Zahl Teilnehmern nehmen Sie selbst an dieser Übung teil. Vergessen Sie nicht, dass Sie auch ein bis zwei Wörter zum Diktieren brauchen. Wie wäre es z. B. mit dem bayerischen Wort *Kuahwegl (Kuhweg)*? – Sie können diese Variante in den nächsten Kursstunden immer wieder wiederholen. Geben Sie hierzu Ihren Teilnehmer die Hausaufgabe, sich außergewöhnliche Wörter zu überlegen.

11 Now you

1. Ihre Teilnehmer üben zusammen mit ihrem Sitznachbarn. Person A fragt Person B nach Vor- und Nachnamen und wie sie buchstabiert werden. Person B beantwortet die Fragen und buchstabiert den eigenen Namen. Dann werden die Rollen getauscht.
2. Ein Teilnehmer buchstabiert der Klasse den Vor- oder Nachnamen eines Kurskollegen.
3. Sobald einer der anderen Teilnehmer weiß, um welchen Namen es sich handelt, darf er die Person nennen.
4. Ist es richtig, ist nun er oder sie an der Reihe, den Vor- oder Nachnamen eines weiteren Kurskollegen zu buchstabieren.
5. Das Spiel wird solange fortgesetzt, bis alle Namen einmal buchstabiert wurden.

12 Listening

35

1. Ein Teilnehmer liest die Situation in der Randspalte vor.
2. Schreiben Sie mit ein bisschen Abstand die Wörter **hotel, surname, mobile number** an die Tafel.
3. Die Teilnehmer lesen sich Nummer 1–3 durch.
4. Ihre Teilnehmer finden beim Hören heraus, welche Lösung die richtige ist.
5. Spielen Sie die CD ab und lassen Sie Ihre Teilnehmer die Lösungen nennen.
6. Spielen Sie den Track ein weiteres Mal vor.

Variante ab 4.
▶ Teaching tip Gruppenbildung

4. Teilen Sie Ihre Klasse in drei Gruppen auf. Gruppe eins konzentriert sich auf den Hotelnamen, Gruppe zwei versucht, den Nachnamen herauszufinden, und Gruppe drei notiert sich die richtige Handynummer. Spielen Sie die CD einmal ab.
5. Die Teilnehmer besprechen sich mit ihren Gruppenkollegen. Ein Teilnehmer jeder Gruppe schreibt die Lösung an die Tafel.
6. Spielen Sie die CD ein weiteres Mal ab, um die Lösungen zu überprüfen, und korrigieren Sie gegebenenfalls die Ergebnisse an der Tafel.

Lösung

1B; 2B; 3A

Let's keep in touch

UNIT 6 | LET'S KEEP IN TOUCH

Transcript

🎧 M = Man
W = Woman
35

M ABC taxis, hello.
W Hello, can I have a taxi, please? I'm at the Wellington Hotel.
M That's the hotel on Bedford Place, right?
W Yes, that's right.
M And your name?
W Jordan.
M Sorry?
W Jordan.
M Can you spell that for me?
W J-O-R-D-A-N.
M Ah, OK. And can I have your mobile number, please?
W Yes, it's 0758-392 double 0 double 8 9.
M Can I check that, please? 0758-39200889?
W Yes, that's right.

13 Round up

1. Zusammen mit ihren Sitznachbarn ordnen die Teilnehmer die einzelnen Satzteile in Aufgabe 13 zu Fragen.
2. Um die Richtigkeit der Fragen sicherzustellen, lassen Sie die Fragen vorlesen.
3. Erklären Sie, dass sich die Teilnehmer zu einem Sprachkurs anmelden möchten und an der Anmeldung nach all ihren Daten gefragt werden.
4. Ihre Teilnehmer suchen sich einen Partner, mit dem sie heute noch nicht zusammen gearbeitet haben, stellen sich gegenseitig Fragen zu ihren Kontaktdaten und beantworten diese.

Hinweise

– Um die Aufgabe schwieriger zu machen, können die Teilnehmer Rücken an Rücken sitzen.
– Die Teilnehmer können auch in eine neue, erfundene Identität schlüpfen.

Ideenpool

▶ **Aufgabe 09**

▶ Teaching tip Belohnung

6.2

A	C	O	K
Y	B	M	Q
D	F	E	X
H	J	T	V

Buchstaben-Bingo

1. Kopieren Sie Kopiervorlage 6.2 und geben Sie jedem Teilnehmer ein Bingokärtchen.
2. Diktieren Sie querbeet die Buchstaben des Alphabets. Wiederholen Sie jeden Buchstaben einmal, aber gehen Sie nicht zu langsam vor.
3. Die Teilnehmer kreuzen jeden Buchstaben, den Sie hören, an.
4. Sobald ein Teilnehmer eine vertikale oder horizontale Reihe durchkreuzen konnte, ruft er oder sie laut *Bingo*.
5. Kontrollieren Sie die durchgekreuzten Buchstaben. Stimmt alles, dann erklären Sie den Teilnehmer zum Gewinner.

Hinweis

– Benutzen Sie die Buchstabenreihe auf der Kopiervorlage als Hilfsmittel, um zu markieren, welche Buchstaben Sie bereits genannt haben.

UNIT 6

» Aufgabe 11

Name	☎	📱	✉

Legen Sie mit Ihren Teilnehmern ein Kontaktblatt an, damit sich die Teilnehmer auch untereinander erreichen können.
1. Ihre Teilnehmer nehmen sich ein leeres Blatt.
2. Das Blatt wird unterteilt in vier Spalten: *name / telephone number (home number) / mobile number / email*.
3. Nacheinander nennt jeder Teilnehmer seinen Namen, buchstabiert ihn und diktiert langsam seine Telefonnummer und/oder Handynummer, während die anderen mitschreiben.
4. Schreiben Sie die Daten zur Kontrolle an der Tafel mit, wenn möglich verdeckt.
5. Bitten Sie die Teilnehmer, das Blatt gut aufzuheben, damit sie sich gegenseitig kontaktieren können und das Blatt später im Kurs mit der E-Mail-Adresse ergänzen.

Hinweise
- Wenn Sie ein Board zum Drehen bzw. eine Tafel zum Klappen haben, geben Sie die ‚Lösung' erst nach dem Diktieren preis.
- Bei großen Gruppen können Sie die Aufgabe auf zwei Stunden verteilen, z. B. einmal am Ende einer Unterrichtsstunde und beim nächsten Mal zu Beginn als kleine Aufwärmübung.
- Klären Sie vorab mit Ihren Teilnehmern, ob jeder mit so einer Liste einverstanden ist.

» Aufgabe 11

1. Schreiben Sie *Begrüßen und Reagieren* an die Tafel. Sagen Sie *Hello, nice to meet you*, drehen Sie sich zu Ihrer Klasse um und machen Sie eine ermunternde Geste. Falls Sie nicht die gewünschte Reaktion bekommen, spielen Sie eine zweite Person und reagieren Sie selbst mit *Nice to meet you, too*.
2. Schreiben Sie *Nach dem Namen fragen* an die Tafel. Fragen Sie *What's your first name?* und wenden Sie sich dabei an einen Ihrer Teilnehmer. Er oder sie nennt Ihnen den Namen.
3. Schreiben Sie *Nachfragen: Buchstabieren* an die Tafel. Fragen Sie weiter *What's your surname?* und sobald Sie die Antwort haben, *Can you spell that, please?* Ihr Teilnehmer buchstabiert seinen oder ihren Namen.
4. Schreiben Sie *Bedanken* an die Tafel. Sagen Sie *Thank you!*
5. Nun können Ihre Teilnehmer gegenseitig versuchen, einen Dialog anhand der Stichwörter an der Tafel zu kreieren.

Hinweis
- Aufgabe 11 bietet Ihren Teilnehmern ein Gerüst für den Dialog.

Hausaufgaben

Extra Practice Reminder:

☐ p._____   No. _____ _____ _____
☐ p._____   No. _____ _____ _____
☐ p._____   No. _____ _____ _____
☐ _____
☐ _____

49   Let's keep in touch

UNIT 7   HAVE A GOOD FLIGHT!

Have a good flight!

7

Lernziele	• Auf Bitten höflich reagieren • Sich entschuldigen • Sich bedanken
Grammatik	• *his, her* • Der Apostroph (') + s
Materialien	• Aufgabe 05: KV 7.1, eine Kopie pro Paar • Aufgabe 11: Bonbons, o. ä. • Ideenpool: KV 7.2, eine Kopie pro Gruppe, Kärtchen ausschneiden

Starter

1. Bitten Sie die Teilnehmer, sich die Vokabeln der *Unit 6 (Phrasebook)* nochmals durchzulesen und sich zwei oder drei Wörter herauszuschreiben.
2. Spielen Sie *Hangman* – Galgenmännchen: Dazu kommt Spieler eins an die Tafel und ‚schreibt' sein Wort in Linien auf, z. B. easy = _ _ _ _. Die Mitspieler versuchen, das Wort zu erraten, indem sie Buchstaben nennen, die im Wort vorkommen könnten. Wenn dem so ist, wird der Buchstabe auf die entsprechende Linie gesetzt, z. B. e = e _ _ _. Wenn der Buchstabe nicht zum Wort gehört, darf Spieler eins an der Tafel den ersten Teil des *Hangman* zeichnen. Gewinner ist entweder der Mitspieler, der das Wort errät, bevor der *Hangman* fertig ist, oder Spieler eins, der den *Hangman* fertig malen kann, ehe die Mitspieler das Wort erraten haben.
3. Sobald entweder das Wort erraten oder der *Hangman* vollständig an der Tafel ist, ist der nächste dran.

01 Words

38

1. Ihre Teilnehmer kreuzen die Wörter an, die sie bereits kennen.
2. Spielen Sie die CD ab. Ihre Teilnehmer sprechen die Wörter nach.
3. Sprechen Sie die Wörter nochmals langsam vor. Ihre Teilnehmer versuchen, die passende Stelle auf der Bordkarte zu finden.

UNIT 7

02 Read and complete

1. Halten Sie das Buch hoch und präsentieren Sie Paul, *This is Paul Fuchs*.
2. Fragen Sie *What's **his** surname?* Betonen Sie dabei das Wort *his* und zeigen Sie auf Paul. Unterstreichen Sie den Nachnamen in Ihrem Buch, sobald er Ihnen genannt wurde.
3. Beginnen Sie den Satz *His first name is …* Die Teilnehmer ergänzen den Satz zu *His first name is Paul*. Verfahren Sie entsprechend mit den beiden weiteren Sätzen.
4. Deuten Sie auf das Bild von Gerda und fragen Sie die Klasse *What's **her** first name?*
5. Lesen Sie die beiden Sätze zu Gerda vor, betonen Sie das Wort *her* und zeigen Sie dabei immer auf Gerda.

Lösung: 1 Paul;, 2 EY 3549; 3 6C

03 Dialogue

1. Erklären Sie, dass Paul im Duty-Free-Shop Schokolade kauft und dabei etwas liegen lässt.
2. Schreiben Sie *passport – credit card – boarding card – chocolate* an die Tafel.
3. Ihre Teilnehmer hören den zweiten Teil des Dialoges und nennen Ihnen anschließend den Gegenstand, den Paul liegen lässt.
4. Spielen Sie zur Kontrolle den Dialog ein zweites Mal ab. Ihre Teilnehmer lesen mit.

Lösung: *boarding card / seine Bordkarte*

Hinweis: – Die Teilnehmer schließen zunächst die Bücher.

04 Quick check

▶ Teaching tip Paarbildung

1. Ihre Teilnehmer können den Dialog der Aufgabe 03 nochmals lesen und ordnen, jeder für sich, 1–4 den Erwiderungen A–D zu.
2. Die Teilnehmer überprüfen ihre Lösungen mit dem Sitznachbarn.
3. Lesen Sie nacheinander Nummer 1–4 vor.
4. Die Teilnehmer antworten. Ist eine Antwort an einer Stelle nicht möglich, machen Sie eine zweifelnde Kopfbewegung und wiederholen Sie den Satz bzw. die Frage erneut.
5. Die Teilnehmer üben zusammen mit ihrem Sitznachbarn die Minidialoge nochmals.

Lösung: 1D; 2C; 3B; 4A

Have a good flight!

UNIT 7   HAVE A GOOD FLIGHT!

05 Pronunciation

40   7.1

1. Bilden Sie neue Zweiergruppen. Teilen Sie Kopiervorlage 7.1 aus, pro Paar eine Kopie.
2. Ihre Teilnehmer ordnen die Bilder den Wörtern zu.
3. Spielen Sie die CD ab. Die Teilnehmer hören die Wörter, lesen sie im Buch mit und sprechen sie nach.
4. Gehen Sie zurück zur Kopiervorlage, nehmen Sie den ersten Begriff und sagen Sie zur Klasse *OK, the credit card is …* Warten Sie kurz auf die Antwort und nicken Sie, sobald Sie den richtigen Buchstaben (e) – natürlich auf Englisch – hören.
5. Wenden Sie sich einem Teilnehmer zu und bitten Sie ihn, einen weiteren Satz zu sagen.
6. Gehen Sie reihum vor, bis alle Begriffe zugeordnet wurden.

Lösung der Kopiervorlage   *1e; 2c; 3d; 4a; 5b; 6g; 7h; 8f*

Hinweis
- Reagieren Ihre Teilnehmer bei 4. nicht gleich, können Sie selbst das Beispiel vervollständigen.

06 Practice

41   ▶ Teaching tip Paarbildung

1. Spielen Sie die CD ab. Ihre Teilnehmer hören ein Gespräch am Flughafen und lesen den Dialog mit.
2. Zwei Teilnehmer lesen den Dialog nochmals vor. Wiederholen Sie die letzten beiden Sätze *I'm not sure. Sorry.* und unterstreichen Sie diese durch Gesten. Zucken Sie z. B. mit den Schultern.
3. Ihre Teilnehmer üben den Dialog zu zweit wie im Beispiel mit den Angaben aus den beiden anderen Bordkarten.
4. Lassen Sie zu jeder Bordkarte einen Dialog vorlesen.

Hinweis
- Achten Sie darauf, dass sich Ihre Teilnehmer bei der Übung nach der ersten Bordkarte mit den Rollen A und B abwechseln.

07 LANGUAGE

1. Lesen Sie den ersten Satz vor, *This is Paul*. Deuten Sie dabei auf das Bild von Paul auf Seite 60. Lesen Sie weiter vor und deuten Sie bei *his* wieder auf Paul. Gehen Sie beim zweiten Satz entsprechend vor.
2. Wenden Sie sich der Klasse zu und zeigen Sie auf einen Teilnehmer, *This is (Egon). **His** surname is (Bauer).* Betonen Sie dabei besonders das Wort *his*. Zeigen Sie auf eine Teilnehmerin und sagen Sie *This is (Erika). **Her** surname is (Schmitt).*
3. Schreiben Sie folgende Personalpronomen untereinander an die Tafel: *I – you – he – she* und darunter ungeordnet *my – her – his – your*.
4. Gehen Sie zu einem Teilnehmer und geben Sie ihm die Kreide in die Hand. Der Teilnehmer schreibt nun einen Possessivbegleiter neben das entsprechende Personalpronomen.
5. Die Kreide geht nun an einen anderen Teilnehmer, der wiederum das nächste Pronomen zuordnet usw.

UNIT 7

| Lösung | *I – my; you – your; he – his; she – her* |

| Hinweise | – Sie können auch nur einen Teilnehmer an die Tafel kommen lassen. Die Klasse kann ihn bei der Lösung der Aufgabe unterstützen.
– Sie haben nun alle bisher bekannten Pronomen wiederholt. Lassen Sie die Pronomenübersicht für Aufgabe 08 an der Tafel stehen. |

08 Practice

1. Übernehmen Sie das Tafelbild aus der Randspalte an die Tafel. Tun Sie dies wenn möglich bereits vor der Stunde.
2. Ihre Teilnehmer diktieren Ihnen die Lösung. Streichen Sie das falsche Pronomen an der Tafel durch.
3. Die Teilnehmer machen – jeder für sich – die Übung im Buch und wählen das richtige Wort aus.
4. Die Teilnehmer lesen die entstandenen Sätze der Reihe nach vor.

> A. This is (Michaela). This is his/her book.
> B. Where is Paul Fuchs? This is his/her boarding card.
> C. This is Gerda Fuchs. His/Her mobile number is 0151 14160588.

| Lösung | *2 His; 3 Her; 4 Her; 5 his; 6 Her* |

| Hinweise | – Helfen Sie, wo nötig. Deuten Sie dabei immer wieder auf die Pronomenübersicht an der Tafel.
– Behalten Sie den Satz C für die Aufgaben 09 und 10 an der Tafel! |

09 LANGUAGE

1. Lesen Sie Satz C an der Tafel nochmals vor. Schreiben Sie *Gerda's mobile number is ...*
2. Halten Sie eine Kreditkarte hoch und lesen Sie den Satz im Buch vor.
3. Lesen Sie die Frage im Buch vor.

| Hinweise | – Wenn möglich, schreiben Sie 's farbig oder unterstreichen Sie es.
– Behalten Sie den Satz C für Aufgabe 10 an der Tafel! |

10 Practice

1. Bitten Sie einen Teilnehmer, das erste Beispiel der Aufgabe vorzulesen.
2. Deuten Sie auf Satz C an der Tafel, lesen Sie ihn nochmals vor und unterstreichen Sie das 's in *Gerda's mobile number is ...*
3. Die Teilnehmer bilden zu zweit Satz 2 mit 's.
4. Sagen Sie *(Heinz), number two, please.* ‚Heinz' liest seine Lösung zu Satz 2 vor. Wenn die Antwort falsch ist, wenden Sie sich an einen anderen Teilnehmer *(Imke), number two, please.*

Have a good flight!

UNIT 7 — HAVE A GOOD FLIGHT!

5. Fragen Sie Ihre Teilnehmer, wie sie Satz 3 lösen würden und erklären Sie, dass auch bei Personenbezeichnungen und nicht nur bei Namen der Apostroph 's angewandt wird. Schreiben Sie die Lösung zur Verdeutlichung an die Tafel.
6. Lassen Sie Satz 4 und 5 lösen.

Lösung

2 Heike's job isn't in the duty-free shop.
3 What's the passenger's name?
4 Is this the German woman's passport?
5 What is the man's seat number?

Erweiterung

7. Die Teilnehmer schreiben ihren Nachnamen auf ein Stück Papier.
8. Sammeln Sie alle Zettel ein, lassen Sie einen Zettel mit einem Teilnehmernamen auf Ihrem Tisch und teilen Sie nach dem Zufallsprinzip an alle Teilnehmer wieder aus.
9. Lesen Sie den Namen auf Ihrem Zettel vor. *Hmh, (Kienlein), I think, it's (Erika)'s surname.*
10. Nacheinander versucht jeder Teilnehmer, den Nachnamen auf seinem Kärtchen einem Kollegen zuzuordnen und dazu einen Satz mit 's zu bilden. Bei einer falschen Aussage sagen Sie den richtigen Satz: *No, it isn't. It's (Tom)'s surname.*

11 Listening
42

1. Verteilen Sie – an jeden Teilnehmer einzeln – ein Bonbon. Sagen Sie dazu *Here you are.* und achten Sie auf die Reaktionen.
2. Schreiben Sie **Here you are.** an die Tafel. Schreiben Sie mögliche Erwiderungen darunter, die Sie vielleicht sogar schon von den Teilnehmern gehört haben: *Thanks, Thank you, Oh, thanks, Oh, nice.*
4. Erklären Sie Ihren Teilnehmern, dass es meist mehrere Möglichkeiten gibt, etwas zu erwidern.
5. Die Teilnehmer hören die Dialoge im Buch und kreuzen an, welche der dort genannten Möglichkeiten sie hören.
6. Reihum lesen die Teilnehmer die Sätze im Buch vor und reagieren mit den Sätzen, die sie hören.
7. Die Teilnehmer bringen über Nicken oder Kopfschütteln ihre Meinung zum Ausdruck.

Lösung

1B; 2B; 3A; 4B; 5A

12 Round up

1. Situation: Die Sprechblasen sind beim Buchdruck etwas durcheinander geraten.
2. Ihre Teilnehmer versuchen zusammen mit dem Sitznachbarn den Dialog in die richtige Reihenfolge zu bringen.
3. Ihre Teilnehmer hören den Dialog und überprüfen ihre Lösungen. Spielen Sie dazu die CD ab.
4. Lassen Sie den Dialog von einem Paar nochmals vorlesen.
5. Ihre Teilnehmer üben den Dialog mit verschiedenen Gegenständen, wie im Buch angegeben.

UNIT 7

Lösung

1 Excuse me! Your card.
2 Pardon?
3 Your boarding card. Here you are.
4 Oh, thank you very much.
5 You're welcome. Have a nice flight.

Ideenpool

Aufgabe 04/11

7.2 ▶ Teaching tip Gruppenbildung

Dieses Spiel kann in Zweier- oder Kleingruppen gespielt werden.
1. Kopieren Sie Kopiervorlage 7.2 und geben Sie jedem Team einen Satz Karten.
2. Die Teilnehmer legen die Karten verdeckt auf den Tisch und verteilen sie gleichmäßig in A und B-Reihen.
3. Ein Spieler beginnt, indem er zwei Kärtchen umdreht, sie dabei aber an deren Position liegen lässt. Der Spieler liest den Aussagesatz oder die Frage vor (A) und entscheidet, ob das zweite Kärtchen (Antwort, Reaktion, Erwiderung = B) dazu passt. Wenn ja, darf er beide Kärtchen behalten. Wenn nein, werden die Kärtchen wieder umgedreht und der nächste ist an der Reihe.
4. Gewonnen hat, wer die meisten Paare sammeln konnte.

Hinweis

– Die Mitspieler sind gleichzeitig die Jury. Gehen Sie umher und helfen Sie, wenn nötig.

Hausaufgaben

Extra Practice Reminder:

☐ p._____   No. _____ _____ _____
☐ p._____   No. _____ _____ _____
☐ p._____   No. _____ _____ _____
☐ _____
☐ _____

| VIDEO SUGGESTIONS | FILM 4 – THE ART STUDIO |

Es gibt verschiedene Einsatzmöglichkeiten für Videos im Unterricht – für langsamere und schnellere Gruppen, für absolute Anfänger und auch für Wiedereinsteiger. Es gibt englische Untertitel für das vollständige Video und deutsche Untertitel für die *Voice-Over-Parts*. Alle Videos haben eine Länge von 3,5 bis 4,5 Minuten. Nachfolgend finden Sie eine Idee für den Einsatz im Unterricht.

1. Ihre Teilnehmer sehen das Video *The Art Studio* (Film 4). Spielen Sie das Video mit englischen Untertiteln ab. Fragen Sie anschließend Ihre Teilnehmer, was *Art Studio* bedeutet und was man dort machen kann.
2. Zeigen Sie das Video noch einmal von 01:32-02:01. Ihre Teilnehmer notieren alle Adjektive, die sie hören können. Geben Sie eventuell ein Beispiel für ein Adjektiv. Lassen Sie Ihre Teilnehmer die gehörten Adjektive anschreiben und verbessern.

Lösung *nice; great; fantastic; good; super*

3. Bitten Sie Ihre Teilnehmer, die Kontaktdaten von Herrn Burr mitzuschreiben, und spielen Sie das Video von 02:33–03:19 ab. Bei einer starken Lerngruppe können Sie hierbei die Untertitel ausstellen.
4. Zwei Ihrer Teilnehmer diktieren Ihnen an der Tafel den Namen und die Telefonnummer. Lassen Sie eventuelle Fehler von der Klasse korrigieren.

Lösung *Burr, 01873-940231*

5. Fragen Sie *How much is the book?* Zeigen Sie das Video von 03:33–03:56.
6. Die Teilnehmer nennen den Preis des Buches.

Lösung *£9.95*

7. Spielen Sie das Video noch einmal mit englischen Untertiteln ab. Bitten Sie die Teilnehmer, verstärkt auf die Intonation bei den Gesprächen zu achten.
8. Bilden Sie drei Gruppen. Die Teilnehmer schlagen das Buch auf Seite 159 auf. Teilen Sie die Dialoge auf die Gruppen auf. Die Teilnehmer lesen innerhalb ihrer Gruppe mit verteilten Rollen ihren Dialog und versuchen dabei, die Personen im Video zu imitieren, um die Sätze richtig zu betonen.
9. Sie können alle drei Dialoge von einigen Teilnehmern nochmals vorlesen lassen.
10. Spielen Sie das Video abschließend ohne Untertitel ab.

Hinweis – Ihre Teilnehmer können sich zu Hause das Video nochmals ansehen, die Aufgaben im Buch auf Seite 134 dazu lösen und mit dem Lösungsschlüssel auf Seite 166 selbst kontrollieren.

UNIT 8 — WHAT'S THE TOWN LIKE?

8 What's the town like?

Lernziele	• Nach Bus- und Zugverbindungen fragen • Einen Ort / eine Stadt beschreiben
Grammatik	• Sätze mit *there is/are*
Materialien	• Aufgabe 01: Poster von Großbritannien • Aufgabe 03: KV 8.1, zur Projektion an die Wand oder eine Kopie pro Paar plus eine vergrößerte Kopie • Aufgabe 04: KV 8.1, zur Projektion an die Wand oder eine Kopie pro Paar • Aufgabe 06: KV 8.1, zur Projektion an die Wand oder eine Kopie pro Paar • Aufgabe 07: *Jumbled sentences* 1–5 auf Papier, pro Satz ein Blatt, ausgeschnitten • Ideenpool: KV 8.2, eine Kopie pro Gruppe, zerschnitten

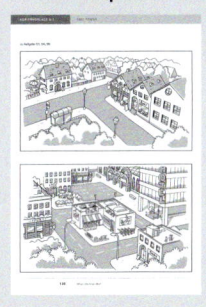

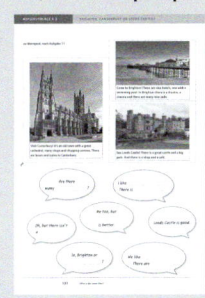

Starter

▶ Teaching tip Gruppenbildung

```
        O   G A T E
    H   N       W
  L I V E R P O O L
    I   E       R   I
    T   R       A   S
    T   Y E S   N O T
    L           G   E
    E A S T     E   N
```

1. Schreiben Sie die Namen der beiden Städte *Warrington* und *Liverpool* an die Tafel, ein Wort rechts, eins links. Achten Sie darauf, zwischen den einzelnen Buchstaben Lücken zu lassen.
2. Teilen Sie Ihren Kurs in zwei Teams – Team Warrington und Team Liverpool - auf. Die Mitglieder beider Teams stellen sich jeweils an der rechten und der linken Seite der Tafel auf.
3. In drei Minuten versuchen beide Teams so viele ihnen bekannte englische Wörter wie möglich aus den Städtenamen zu bilden. Die Teilnehmer beider Gruppen bilden mithilfe eines Buchstabens aus dem Städtenamen und beliebig vielen anderen jeweils ein Wort und schreiben es an, wie im Beispiel in der Randspalte.
4. Stoppen Sie das Spiel nach drei Minuten. Die Teilnehmer setzen sich wieder.
5. Besprechen Sie die angeschriebenen Wörter, korrigieren Sie, wenn nötig, und zählen Sie die Wörter der beiden Gruppen. Die Gruppe mit den meisten (richtigen) Wörtern gewinnt.

Hinweis

– Sie können die Wörter an der Tafel auch von Mitgliedern der jeweils anderen Gruppe korrigieren lassen.

UNIT 8 — WHAT'S THE TOWN LIKE?

01 Listen and repeat
🎧 45

1. Hängen Sie das Großbritannien-Poster an die Tafel.
2. Fragen Sie *Where is London?* Ihre Teilnehmer kommen nach vorn und zeigen London auf der Karte.
3. Fragen Sie *Where is Liverpool?* und lassen Sie es wieder von den Teilnehmern finden.
4. Fragen Sie *Is it near London? No, …* Warten Sie kurz und ergänzen Sie gegebenenfalls selbst die Kurzantwort mit *it isn't*. Schreiben Sie an die Tafel *It isn't near.*
5. Fragen Sie *Where is Warrington?* Die Teilnehmer finden den Ort und beantworten die Frage *Is it near Liverpool?* Mögliche Antworten: *Yes, it is. Yes, it isn't far.*
6. Lesen Sie die Situation im Buch kurz vor.
7. Spielen Sie die CD ab. Ihre Teilnehmer hören den Dialog und sprechen die einzelnen Sätze nach.

Hinweis
– Falls Sie kein Großbritannien-Poster haben, auf dem Warrington eingezeichnet ist, markieren Sie die Stelle vor Ihrem Unterricht bzw. zeichnen Sie den Ort ein, oder blättern Sie auf Seite 13 im Buch.

02 Now you
▶ Teaching tip Paarbildung

1. Spielen Sie das Beispiel im Buch mit einem Ihrer Teilnehmer durch. Fragen Sie hierfür nach einem Ort in Ihrer Nähe, z. B. *Where is (Eckental)? Is it far?* Der Teilnehmer liest Antwort B *It isn't very far.* vor. Stellen Sie die Frage wie im Buch *Is there a bus or train from here?* Ihr Teilnehmer ergänzt einen Satz bei B.
2. Zu zweit ‚unterhalten' sich die Teilnehmer über Orte und Bus- und Zugverkehr.

03 Dialogue
🎧 46   📄 8.1

| There is | a café. |
| There are | two pubs. |

1. Projizieren Sie die Bildausschnitte der KV 8.1 an die Wand oder ein Board. Alternativ dazu geben Sie immer zwei nebeneinander sitzenden Personen eine Kopie der KV 8.1. Sie benötigen außerdem eine etwas größere Kopie zu Demonstrationszwecken.
2. Wählen Sie einen kleineren Ort in Ihrer Nähe, deuten Sie auf das Bild des kleineren Ortes und sagen Sie *This is (Rüsselbach). There is a café in (Rüsselbach).* Wählen Sie einen größeren Ort aus und sagen Sie *This is (Eckental). There are two pubs in (Eckental).* Übernehmen Sie das Tafelbild der Randsplate an die Tafel. Machen Sie die Bedeutung von *there is/are* deutlich, indem Sie dabei auf *There is … / There are …* an der Tafel und dann auf die entsprechenden Plätze auf den Bildern deuten.
3. Ihre Teilnehmer nennen weitere Einrichtungen der Orte. Sie können sich dabei an den Bildern orientieren.
4. Schreiben Sie an die Tafel *What's (Rüsselbach) like?* und darunter *ok nice great*. Beginnen Sie mit dem Satz *It's …*, warten Sie kurz darauf, dass die Teilnehmer den Satz ergänzen, deuten Sie abwechselnd auf *ok nice great*. Verfahren Sie so auch mit dem anderen Ort.
5. Fragen Sie *What's better – (Rüsselbach) or (Eckental)?* und wiederholen Sie die Antwort *(Eckental) is better.*
6. Die Klasse hört den Dialog zwischen Mary und Heike, liest diesen mit und versucht herauszufinden, welche Stadt Mary besser gefällt.
7. Abschließend können die Teilnehmer den Dialog mit verteilten Rollen lesen.

UNIT 8

Lösung	*Liverpool*
Hinweis	– Machen Sie Ihren Teilnehmern die Struktur von *What's … like?* deutlich. Sie können hierzu an der Tafel die Wörter *What* und *like* unterstreichen, die deutsche Übersetzung *Wie ist …?* daneben hinschreiben und das *Wie* ebenfalls unterstreichen.

04 Quick check
8.1

1. Deuten Sie nochmals auf das obere Bild der Kopiervorlage 8.1. Schreiben Sie *A: There are two pubs in (Rüsselsbach)* und darunter *B: There is one pub in (Rüsselbach)*.
2. Fragen Sie *What's right?* und warten Sie kurz auf die richtige Antwort.
3. Ihre Teilnehmer schauen nochmals in den Dialog in Aufgabe 03 und entscheiden jeder für sich, welche Sätze im Buch richtig sind.
4. Die Teilnehmer überprüfen ihre Lösungen mit dem Sitznachbarn.
5. Die Teilnehmer lesen die richtigen Sätze vor. Wird ein falscher Satz vorgelesen, schütteln Sie den Kopf und lassen sich den richtigen Satz vorlesen.

Lösung	*1B; 2B; 3A; 4B*
Hinweis	– Am Ende der Aufgabe können Sie alle Sätze der Aufgabe übersetzen lassen, damit Ihre Teilnehmer erkennen, dass **there is/are** der englische Ausdruck für *es gibt* ist.

05 Words
47

1. Ihre Teilnehmer hören die englischen Bezeichnungen zu Plätzen in einer Stadt und sprechen diese nach.
2. Zu zweit ordnen die Teilnehmer die Wörter den Piktogrammen zu.
3. Geben Sie die Lösung für Nummer eins: *The bank is e*. Die Teilnehmer nennen der Reihe nach ihre Lösung. Schütteln Sie den Kopf, wenn die Lösung falsch war und blicken Sie fragend in die Runde, um die richtige Lösung zu bekommen.

Lösung	*1e; 2g; 3a; 4h; 5b; 6d; 7c; 8j; 9i; 10f*
Hinweis	– Achten Sie auf die richtige Aussprache! Wiederholen Sie den Satz, wenn die Aussprache nicht richtig war, und bitten Sie den Teilnehmer, den Satz anschließend nochmals zu sagen.

06 LANGUAGE
8.1

1. Projizieren Sie erneut die Kopiervorlage 8.1 an die Wand.
2. Deuten Sie auf die Bushaltestelle auf dem Bild des kleineren Ortes. Lesen Sie den Satz *There's a bus.* vor.
3. Lesen Sie die nächsten drei Sätze vor und zeigen Sie zum Vergleich immer wieder auf die beiden Städte auf dem Bild. Beachten Sie, dass es auf dem Bild keine Bank gibt.

59 What's the town like?

UNIT 8 — WHAT'S THE TOWN LIKE?

4. Lesen Sie die erste Frage *Is there a bus from here?* vor und die dazugehörigen Antworten. Nicken Sie bzw. schütteln Sie dabei den Kopf.
5. Lassen Sie zwei Ihrer Teilnehmer die letzte Frage und die dazugehörigen Antworten vorlesen.
6. Deuten Sie nach draußen und fragen Sie *Are there many shops here in (Hamburg)?* und warten Sie, bis Sie die entsprechende Kurzantwort hören.

Hinweis

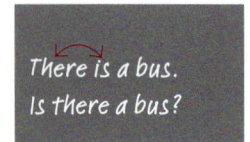

– Um Ihren Teilnehmern die Fragebildung besser zu verdeutlichen, schreiben Sie zunächst den Satz **There is a bus**. Nehmen Sie dann anders farbige Kreide bzw. Stifte zur Hand und machen Sie über den Wörtern *there* und *is* einen Pfeilbogen, der bedeutet, dass diese Wörter bei der Fragebildung vertauscht werden. Schreiben Sie zusätzlich dazu die Wörter in der anderen Reihenfolge darunter und machen Sie aus dem Punkt ein Fragezeichen.

07 Practice
▶ Teaching tip Gruppenbildung

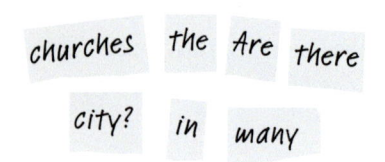

1. Schreiben Sie groß die einzelnen Satzteile der Sätze 1–5 auf ein Blatt Papier. Verteilen Sie die in Satzteile zerschnittenen Sätze auf fünf verschiedene Orte im Zimmer. Kennzeichnen Sie jeden Platz mit der entsprechenden Nummer des Satzes.
2. Teilen Sie die Klasse in fünf Gruppen auf.
3. Jede Gruppe beginnt, verteilt auf die verschiedenen Plätze, damit, aus den Satzteilen einen möglichen Satz zu bilden.
4. Die Teilnehmer schreiben diesen auf, bringen die Satzteile wieder durcheinander und gehen zum nächsten ‚Satz'.
5. Wenn alle fünf Gruppen alle fünf Sätze notiert haben, dürfen sie sich wieder setzen.
6. Lassen Sie jede Gruppe einen Satz an die Tafel schreiben. Wenn Korrekturen notwendig sind, bitten Sie zunächst Ihre Teilnehmer, es zu versuchen, bevor Sie selbst es tun.
7. Die Teilnehmer können anschließend die richtigen Sätze in die Aufgabe 07 übertragen.

Lösung

1 There's a good cinema out of town.
2 Are there many churches in the city?
3 Sorry, there isn't a post office near here.
4 There are interesting shops in the shopping centre.
5 Is there a swimming pool in your town?

Hinweise

– Sie können die Sätze auf Stühle im Zimmer verteilen, auf leeren Tischen und Fensterbänken usw.
– Es ist durchaus möglich, dass die eine oder andere Gruppe warten muss, bis die Gruppe vor ihnen fertig ist. Achten Sie darauf, dass die Wartenden genügend Abstand halten!

UNIT 8

08 Practice

▶ Teaching tip
Paarbildung

1. Bilden Sie Zweiergruppen.
2. Schreiben Sie *bank* an die Tafel und setzen Sie ein Häkchen daneben.
3. Deuten Sie auf die Aufgabe im Buch und fragen Sie *Is there a bank in Warrington?* Zeigen Sie auf die Häkchen an der Tafel und beantworten Sie die Frage mit *Yes, there is*.
4. Die Teilnehmer fragen sich abwechselnd nach den in der Aufgabe angegebenen Orten und antworten entsprechend der Häkchen (✓ = ja) oder dem Kreuz (✗ = nein).

09 Now you

1. Schreiben Sie die Frage *What's your town or city like?* an die Tafel, sowie *It's ok/great/nice/interesting*.
2. Ihre Teilnehmer ergänzen die Sätze der Aufgabe. Geben Sie hierfür etwas Zeit.
3. Einzelne Teilnehmer beantworten die Frage und schreiben ihre Sätze an die Tafel.
4. Korrigieren Sie Fehler gemeinsam mit Ihren Teilnehmern.

Variante

1. Ihre Teilnehmer ergänzen die Sätze der Aufgabe, allerdings in Bezug auf die ‚Stadt', in der Ihr Englischkurs stattfindet. Geben Sie hierfür ein paar Minuten Zeit.
2. Nach und nach schreibt jeder Teilnehmer Sätze zu diesem Ort an die Tafel, aber nur, sofern dieser Satz noch nicht angeschrieben wurde.
3. Nach dem gemeinsamen Korrigieren lassen Sie die Informationen zu Ihrem Unterrichtsort nochmals laut vorlesen.

10 Listening

48

1. Schreiben Sie an die Tafel *There are bar/bars*. Fragen Sie Ihre Teilnehmer nach der richtigen Lösung, löschen Sie *bar* wieder und erklären Sie, dass aufgrund des Wortes *are* nur die Mehrzahl möglich ist.
2. Erklären Sie Ihren Teilnehmern, dass sie die richtige Lücke für die oben angegebenen Wörter finden sollen und es den einen oder anderen Hinweis, wie das *are* an der Tafel, gibt, der ihnen helfen kann.
3. Die Teilnehmer ergänzen die Sätze.
4. Spielen Sie die CD ab. Die Teilnehmer überprüfen ihre Lösungen anhand des Hörtextes.
5. Die Teilnehmer lesen den Dialog mit verteilten Rollen nochmals vor.

Lösung

1 city; 2 bars; 3 big; 4 cathedral; 5 interesting

11 Round up

▶ Teaching tip
Gruppenbildung

1. Bilden Sie zwei Teams.
2. Jedes Team denkt sich eine bekannte Stadt aus. Ziel ist, die Stadt des anderen Teams durch Fragen zu erraten.
3. Jedes Team überlegt gemeinsam, was ihre Stadt bietet und überlegt sich mögliche Fragen an das andere Team. Hierbei können die Teilnehmer das ‚Gerüst' der Aufgabe im Buch zu Hilfe nehmen.
4. Wechseln Sie zwischen den beiden Teams hin und her und unterstützen Sie die Teams gegebenenfalls mit zusätzlichem Vokabular.

UNIT 8 — WHAT'S THE TOWN LIKE?

Hinweis

– Sie können je nach Kursgröße auch vier, sechs oder acht kleine Teams bilden und immer zwei gegeneinander antreten lassen. Grenzen Sie die Zeit ein. Das Team, das am meisten Orte erraten konnte, wird als Winner-Team gefeiert.

Ideenpool

» Aufgabe 05
Plätze raten – Ausspracheübung sowie kleine Wiederholung zum Wortschatz

1. Schreiben Sie auf kleine Zettel je einen Ort aus der Aufgabe 05. Mischen und verteilen Sie die Zettel an Ihre Teilnehmer.
2. Ihre Teilnehmer stellen pantomimisch dar, was man an dem jeweiligen Ort macht/machen kann, z. B.: *church* – Hände zum Gebet falten, Kopf senken.
3. Die anderen Teilnehmer versuchen, die Orte zu erraten.

» Aufgabe 11
8.2   ▶ Teaching tip Gruppenbildung

Situation: Ihr Kurs möchte gemeinsam ein Wochenende in England verbringen. Das Wochenende steht, die Finanzierung ist geklärt. Jetzt müssen sie nur noch einen geeigneten Ort finden.

1. Bilden Sie Dreiergruppen.
2. Die Teilnehmer notieren jeder für sich auf einem Zettel, was ihnen wichtig ist, z. B. *nice restaurant, swimming pool, theatre*.
3. Teilen Sie die ausgeschnittenen Karten der Kopiervorlage 8.2 aus. Eine Kopie pro Gruppe = jeder Teilnehmer bekommt eine Karte mit einem Ort. Geben Sie jeder Gruppe zusätzlich die untere Hälfte der Kopiervorlage.
4. Jeder Teilnehmer liest die Informationen auf seiner Karte vor.
5. Die Teilnehmer nehmen ihre Notizzettel / die untere Hälfte der KV zur Hand und versuchen, den für sie besten Ort durch nochmaliges Nachfragen herauszufinden. *Is there …?*
6. Die Karten mit den Informationen liegen anschließend offen auf dem Tisch, damit sich jeder aus der Gruppe die Texte nochmals anschauen kann.
7. Jeder Teilnehmer sagt nun, welchen Ort er mag und was es dort gibt, das ihm oder ihr besonders gefällt. *I like … There are …*
8. Die anderen Mitspieler reagieren und sagen etwas über einen anderen Ort. *Me too, but … / Oh, but …*
9. Am Schluss sollte sich die Gruppe auf einen Ort geeinigt haben. *So, Brighton or Leeds Castle? Brighton! OK!* und dies der Klasse mitteilen. *We like …*

Hinweis

– Die Sprechblasen auf der Kopiervorlage dienen als Hilfestellung. Gehen Sie umher und unterstützen Sie die einzelnen Gruppen.

Hausaufgaben

Extra Practice Reminder:

☐ p._____   No. _____ _____ _____

☐ p._____   No. _____ _____ _____

☐ p._____   No. _____ _____ _____

☐ _____

☐ _____

What's the town like?

UNIT 9 | IT'S A GREAT PLACE!

It's a great place!

Lernziele	• Uhrzeit • Sagen, was man in einer Stadt alles machen kann
Grammatik	• can/can't • Die Zahlen 11 bis 100
Materialien	• Aufgabe 02: KV 9.1, eine Kopie pro Teilnehmer • Ideenpool: KV 9.2, eine Kopie, ausschneiden, zwei Kärtchen pro Teilnehmer

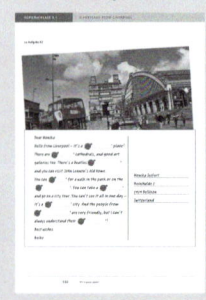

Starter

1. Schreiben Sie *What's in a town?* und schreiben Sie ein oder zwei Dinge an die Tafel, z. B. *a bank*.
2. Die Teilnehmer nennen alle Dinge, die in einer Stadt sein können, an die sich aus vorherigen Units erinnern. Ergänzen Sie am Ende ein paar Dinge, die die Teilnehmer schon kennen.
3. Schreiben Sie *There is ... / There are ...* an die Tafel. Erinnern Sie daran, dass *there is* bei der Einzahl, *there are* bei der Mehrzahl verwendet wird.
4. Deuten Sie auf das Bild im Buch und fragen Sie *What's there in Liverpool?* Beginnen Sie mit *park*, weil das Wort neu ist und schreiben Sie *There is a park.* an die Tafel.
5. Die Teilnehmer nennen Ihnen alle anderen Dinge (*cathedral, museum, café, gallery, shops*) auf den Bildern.

Hinweise

– Dinge, die bereits behandelt wurden: *bus, bank, shopping centre, church, cinema, museum, restaurant, cathedral, post office, swimming pool, shop, car park, café, hotel, pub, train, centre, airport*. Sie müssen nicht alle Begriffe ergänzen.
– Wenn Sie wenig Zeit für den Starter haben, können Sie vor Beginn der Stunde die bereits bekannten Begriffe rechts an die Tafel schreiben oder gleich mit 3. beginnen.
– Lassen Sie *There is a park.* für Aufgabe 01 an der Tafel stehen.

UNIT 9

01 Words

49

1. Deuten Sie auf den Satz *There is a park.* an der Tafel und schreiben Sie weiter *You can go for a walk in the park.* Damit Ihre Teilnehmer den Satz besser verstehen können, ‚spazieren' Sie durch das Klassenzimmer.
2. Sagen Sie *There's the Tate gallery. You can go …* Machen Sie an dieser Stelle mit zwei Fingern eine laufende Bewegung und vervollständigen Sie Ihren Satz … *to an art gallery*.
3. Die Teilnehmer ordnen, jeder für sich, die Bilder und Beschreibungen einander zu.
4. Spielen Sie die CD ab. Ihre Teilnehmer hören den Text und überprüfen ihre Lösungen.
5. Spielen Sie die CD nochmals ab. Die Teilnehmer sprechen die Sätze nach.

Lösung   2f; 3b; 4e; 5c; 6a

02 Text

50   9.1

1. Lesen Sie die Situationsbeschreibung und die Frage aus dem Buch vor. Wiederholen Sie die zweite Frage auf Englisch: *Are they nice?*
2. Spielen Sie die CD ab. Ihre Teilnehmer hören den Text der Postkarte und können ihn mitlesen.
3. Die Teilnehmer beantworten die Frage, ob die Einwohner von Liverpool nett sind, mit *Yes, they are.* oder *Yes, they are friendly*.
4. Teilen Sie Kopiervorlage 9.1 aus. Die Bücher werden geschlossen.
5. Erklären Sie kurz, dass die Postkarte ein paar Regentropfen abbekommen hat und an diesen Stellen die Tinte verwischt ist.
6. Ihre Teilnehmer hören den Text nochmals und versuchen, die fehlenden Wörter zu ergänzen.
7. Zusammen mit ihrem Sitznachbarn überprüfen die Teilnehmer ihre Lösungen.
8. Lassen Sie die Postkarte reihum Satz für Satz vorlesen.

Hinweise
- Ihre Teilnehmer müssen nach dem ersten Hören nur die Frage *Are the people nice or not?* beantworten.
- Schnellere Gruppen können beim ersten Hören das Buch schließen.
- Am Schluss der Aufgabe können Sie den Text der Postkarte ein weiteres Mal vorspielen.

Variante ab 6.

6. Schreiben Sie die fehlenden Wörter der Kopiervorlage *great, two, museum, go, waterfront, bus, big, Liverpool, English* durcheinander an die Tafel.
7. Die Teilnehmer versuchen, die Sätze mit den Wörtern zu vervollständigen.
8. Zusammen mit ihrem Sitznachbarn überprüfen die Teilnehmer ihre Lösungen.
9. Spielen Sie die CD nochmals ab oder lassen Sie die Postkarte reihum Satz für Satz vorlesen.

Lösung der Kopiervorlage   *1 great; 2 two; 3 museum; 4 go; 5 waterfront; 6 bus; 7 big; 8 Liverpool; 9 English*

Hinweis
- Schnellere Gruppen versuchen, die Lücken ohne die Wörter an der Tafel zu ergänzen.

It's a great place!

UNIT 9 — IT'S A GREAT PLACE!

03 Quick check

1. Sagen Sie *Heike is in London. Yes, that's true. / No, that's false.* Ihre Teilnehmer nennen die richtige Antwort: *No, that's false*.
2. Die Teilnehmer kreuzen an, ob die Aussagen im Buch richtig oder falsch sind.
3. Die Teilnehmer lesen die Sätze und nennen die Lösung. Wenn sich Ihre Teilnehmer gegenüber sitzen, könnte das so aussehen: Ein Teilnehmer liest Satz 1 vor und der gegenüber sitzende Teilnehmer nennt die Lösung. Dessen Sitznachbar liest Satz 2 vor und der ihm gegenüber sitzende Teilnehmer nennt die Lösung. Verfahren Sie entsprechend mit den Sätzen 3–5.

Lösung

1T; 2F; 3T; 4T; 5T

Hinweis

– Bei einer falschen Lösung schütteln Sie den Kopf und wenden sich an einen anderen Teilnehmer.

Erweiterung

▶ Teaching tip Paarbildung

4. Zusammen mit ihrem Sitznachbarn versuchen die Teilnehmer, weitere *true* oder *false* Sätze zu bilden, z. B. *Liverpool is a big city. / John Lennon isn't from Liverpool*.
5. Immer eine Zweiergruppe liest einen ihrer Sätze vor. Wenn der Satz falsch gebildet wurde, wiederholen Sie ihn gegebenenfalls richtig.
6. Die Klasse entscheidet, ob der Satz *true* oder *false* ist.
7. Dann geht es mit der nächsten Gruppe weiter, solange, bis alle gebildeten Sätze genannt und bearbeitet wurden.

Hinweis

– Sie können die Sätze auch an die Tafel schreiben, diese von den Teilnehmern korrigieren und vorlesen und dann beantworten lassen.

04 LANGUAGE

▶ Teaching tip Gruppenbildung

1. Schreiben Sie *I can spell my name*, lächeln Sie dabei und halten Sie den Daumen nach oben. Buchstabieren Sie Ihren Namen. Fragen Sie einen Teilnehmer *Can you spell your name?* Und geben Sie dem Teilnehmer Zeit, die Frage zu beantworten, z. B. *Yes, it's …*
2. Verstecken Sie Ihr Buch, schauen Sie suchend umher und schreiben Sie *I can't see my book*. Machen Sie dabei ein leicht ärgerliches Gesicht und fragen Sie die Klasse *Can you see my book?*
3. Schreiben Sie drei Dinge an die Tafel, die man in Liverpool sehen/machen kann, z. B. *go to a park, see the cathedrals, visit the Beatles museum* und drei, die man nicht machen kann, z. B. *visit the Van Gogh museum, go to Oktoberfest, visit Leeds Castle*.
4. Lesen Sie die *Language Box* vor. Halten Sie bei den Antworten bei *can* den Daumen nach oben und bei *can't* nach unten.
5. Stellen Sie den Teilnehmern nochmals die Frage in der *Language Box What can you do in Liverpool?* Die Teilnehmer geben anhand der Beispiele an der Tafel die Antworten mit *can* oder *can't*.

Hinweis

– Sie können bei 5. natürlich auch selbst mit einem Beispiel beginnen, z. B. *You can't go to Oktoberfest*.
– Achten Sie auf die Aussprache von *can/can't*.

UNIT 9

05 Practice

1. Ihre Teilnehmer ergänzen die Sätze mit den vorgegebenen Begriffen und sprechen sich dabei mit ihrem Sitznachbarn ab.
2. Stellen Sie nochmals die Frage *What can you do in Liverpool?* Ein Teilnehmer liest Satz 1 vor.
3. Lassen Sie nun Paar für Paar die entstandenen Sätze vorlesen und korrigieren Sie, wo nötig.

Lösung

1 can go; 2 can take; 3 can't see; 4 Can … spell; 5 Can … understand

Hinweise

– Achten Sie auf die richtige Aussprache. Wiederholen Sie den Satz, wenn die Aussprache nicht richtig war, und bitten Sie die Teilnehmer, den Satz anschließend nochmals zu wiederholen.
– Wenn eine falsche Lösung genannt wird, schütteln Sie den Kopf und wenden sich an das nächste Paar, um den richtigen Satz zu bekommen.

06 Now you

▶ Teaching tip Gruppenbildung

1. Schreiben Sie den Namen des Unterrichtsorts an die Tafel und fragen Sie *What can you do in (Erlangen)?* Schreiben Sie eine Sache, die man dort tun kann, an die Tafel, z. B. **go shopping**, und setzen Sie dahinter ein Häkchen. Schreiben Sie auch ein Beispiel dafür, was man nicht machen kann, an die Tafel, z. B. **have a drink on the waterfront**.
2. Die Teilnehmer kreuzen im Buch die entsprechenden Aktivitäten an.
3. Schreiben Sie **What's (Erlangen) like? It's …** an die Tafel. Ihre Teilnehmer ergänzen den Satz. Alternativ können Sie selbst den Satz mit folgenden Möglichkeiten ergänzen: *It's nice, great, OK, not bad, interesting …*
4. Fragen Sie erneut *What can you do in (Erlangen)?* Deuten Sie auf die Beispiele an der Tafel und schreiben Sie **You can (go shopping), but you can't (have a drink on the waterfront)**.
5. Zeigen Sie auf den Dialog der Aufgabe, und geben Sie A vor. *What's (Erlangen) like? What can people do?* Wenden Sie sich an einen Ihrer Teilnehmer und bitten Sie ihn, die Frage zu beantworten, z. B. *You can go to the theatre, but you can't have a drink on the waterfront*.
6. Die Teilnehmer befragen sich in zweier oder dreier Gruppen gegenseitig und nehmen dabei die (nicht) angekreuzten Sätze im Buch zu Hilfe.

Hinweise

– Zur Verdeutlichung können Sie bei 5. immer wieder auf die Beispiele an der Tafel zeigen.
– Je nachdem, wie groß der Unterrichtsort ist, gibt es evtl. nicht so viele Möglichkeiten für *can't*. Hier können Sie entweder auf einen kleinen Ort in Ihrer Umgebung ausweichen oder die Übung nur mit *can* beantworten lassen.
– Erklären Sie, dass *you* sowohl ‚man' als auch ‚du/ihr/Sie' bedeuten kann.

It's a great place!

UNIT 9 — IT'S A GREAT PLACE!

07 Pronunciation
51

m<u>o</u>dern   or<u>a</u>nge

1. Schreiben Sie **modern** und **orange** an die Tafel. Diese beiden Wörter gibt es in dieser Schreibweise sowohl im Englischen als auch im Deutschen.
2. Nehmen Sie zwei verschiedenfarbige Kreiden/Stifte zur Hand und sagen Sie *German is (white) and English is (red)*. Sprechen Sie *modern* nun einmal auf Deutsch aus und unterstreichen Sie den zu betonenden Teil weiß. Sprechen Sie *modern* englisch aus und unterstreichen Sie die betonte Stelle rot.
3. Bitten Sie einen Ihrer Teilnehmer an die Tafel. Sprechen Sie *orange* (Farbe) auf Deutsch aus. Der Teilnehmer versucht, die Betonung herauszuhören und unterstreicht den Teil des Wortes weiß. Bitten Sie einen weiteren Teilnehmer an die Tafel und sprechen Sie *orange* nun englisch aus. Der Teilnehmer unterstreicht die entsprechende Stelle mit rot.
4. Spielen Sie die CD ab. Die Teilnehmer hören alle Wörter der Aufgabe und sprechen diese nach.

08 Reading

1. Ihre Teilnehmer sehen hier einen Text, in dem es einige unbekannte Wörter gibt. Erklären Sie ihnen, dass sie auf Schildern, bei Sehenswürdigkeiten, in Reiseführern, Anzeigen oder Informationsbroschüren öfters mit unbekannten Wörtern konfrontiert sein werden. In dieser Aufgabe können die Teilnehmer trainieren, sich die nötigsten Informationen herauszupicken, ohne dafür jedes einzelne Wort verstehen zu müssen.
2. Ihre Teilnehmer lesen zunächst jeder für sich die Anzeige durch und versuchen anschließend, die Sätze 1–4 richtig anzukreuzen.
3. Lesen Sie die Anzeige möglichst theatralisch vor. Unterstreichen Sie Wörter durch Gesten, wie z. B. *welcome* – Willkommensgeste mit den Armen, *see* – zu den Augen deuten, *come on* – herbei winkende Geste; bei *6 seater* könnte man sechs Plätze abzählen usw.
4. Die Teilnehmer können danach zusammen mit dem Sitznachbarn ihre Lösungen überdenken.
5. Lesen Sie nacheinander die Sätze 1–4 vor. Die Teilnehmer antworten mit *That's true.* oder *That's false.* und lesen die entsprechende Textstelle nach jeder Antwort vor.

Lösung 1T; 2F; 3T; 4F

Hinweis – Auch wenn die Aufgabe von allen gut gelöst werden konnte, bereiten Sie sich darauf vor, dass die Teilnehmer Sie zu Begriffen wie z. B. *The cavern* befragen werden.

09 Words
52

1. Ihre Teilnehmer zählen laut von *one* bis *ten*.
2. Spielen Sie die CD ab. Die Teilnehmer hören nun, wie es nach der Zahl 10 weitergeht.
3. Ihre Teilnehmer lesen reihum die Zahlen 11–100 im Buch vor. Achten Sie auf die richtige Aussprache und Intonation. Sprechen Sie bei eventuellen Fehlern die Zahl richtig vor.
4. Lassen Sie Ihre Teilnehmer nochmals zählen – dieses Mal alle gemeinsam.

	5. Schreiben Sie *fourteen* an die Tafel und unterstreichen Sie die zweite Silbe. Schreiben Sie *forty* an die Tafel und unterstreichen Sie *for*. Sprechen Sie beide Wörter nochmals vor, um die richtige Betonung zu verdeutlichen.
	6. Schreiben Sie nun *thirty, thirteen, fifty, fifteen, sixty, sixteen, seventy, seventeen, eighty, eighteen, ninety, nineteen* in ungeordneter Reihenfolge an die Tafel, deuten Sie nacheinander und ohne einem bestimmten System folgend auf die Zahlwörter, während immer ein Teilnehmer versucht, das Wort richtig zu betonen. Helfen Sie, wo nötig.
	7. Zusammen mit ihrem Sitznachbarn üben die Teilnehmer die Aussprache der Zahlwörter entsprechend der Anweisung.
Erweiterung	8. Spielen Sie mit Ihren Teilnehmern das ‚Klatsch-Spiel', wie sie es schon von Unit 4 kennen (s. Seite 33), nur diesmal mit den Zehnerzahlen. Fangen Sie mit *twenty* an. Der Teilnehmer, der Ihnen am nächsten sitzt, macht weiter mit *thirty*, der nächste mit *forty* usw. solange, bis Sie in die Hände klatschen. Dann geht es rückwärts, bis Sie wieder klatschen, und so weiter.
Hinweise	– Haben Sie eine kleinere Gruppe, können Sie bei 1. und 4. auch Stühle, Stifte usw. zählen.
	– Wenn Sie die Schwierigkeit erhöhen möchten, nehmen Sie alle Zahlen von 11 bis 100.
	– Noch anspruchsvoller wird die Übung, wenn sich bei jedem Klatschen auch die Richtung der Teilnehmer ändert.

10 Words

53

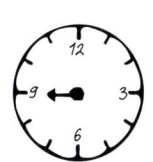

1. Malen Sie eine einfache Uhr an die Tafel, die drei Uhr zeigt und schreiben Sie *It's three o'clock.* an die Tafel. Zeichnen Sie eine weitere Uhr an die Tafel, die sechs Uhr anzeigt. Sagen Sie *It's …* Die Teilnehmer oder Sie selbst ergänzen die Uhrzeit: *It's six o'clock.* Spielen Sie noch ein paar weitere volle Stunden durch. Ihre Teilnehmer nennen die entsprechende Uhrzeit.
2. Ergänzen Sie eine weitere Uhr, deren Zeiger auf 13.15 Uhr zeigen. Zur Verdeutlichung von *quarter* malen Sie das erste Viertel der Uhr komplett aus. Schreiben Sie an die Tafel *It's quarter past one.* Spielen Sie noch ein paar weitere Varianten mit *quarter past* durch.
3. Gehen Sie entsprechend mit *half past* und *quarter to* vor.
4. Zeichnen Sie eine letzte Uhr mit 3, 6, 9 und 12 an die Tafel – aber nur mit einem kleinen Zeiger, der auf die 9 zeigt.
5. Markieren Sie mit farbiger Kreide die 5-Minuten-Schritte auf der Uhr, beginnend mit 9.05 Uhr und sagen Sie dazu jedes Mal die Uhrzeit. Beim ersten Mal schreiben Sie *It's five past nine.* an die Tafel. Stoppen Sie bei 9.25 Uhr.
6. Nehmen Sie nun eine andersfarbige Kreide zur Hand und beginnen Sie bei 9.35 Uhr. Schreiben Sie *It's twenty-five to ten*. Setzen Sie weitere farbige Striche in Fünfer-Schritten und nennen Sie jedes Mal auf neue die Zeit *It's twenty to ten, it's quarter to ten*, usw.
7. Lesen Sie Nummer 1–4 im Buch vor und bitten Sie Ihre Teilnehmer, die übrigen zu ergänzen.
8. Spielen Sie die CD ab. Ihre Teilnehmer hören die Uhrzeiten, überprüfen ihre Lösungen und sprechen nach.
9. Die Teilnehmer lesen Ihnen die Uhrzeiten nochmals vor.

UNIT 9	IT'S A GREAT PLACE!

Lösung	5 *It's twenty past six.* 6 *It's twenty-five past six.* 9 *It's twenty to seven.* 11 *It's ten to seven.* 12 *It's five to seven.* 13 *It's seven o'clock.*
Hinweise	– Achten Sie bei der Größe der Uhren darauf, dass am Schluss vier Uhren an der Tafel Platz haben. – Erläutern Sie, dass sich die halben Stunden im Englischen auf die vorherige Stunde beziehen, anders als im Deutschen: *half past two* = 14:30 Uhr, halb zwei = 13:30Uhr. – Achten Sie auf die korrekte Aussprache von *o'clock*. – Lassen Sie die Uhr mit der Uhrzeit *three o'clock* für Aufgabe 12 an der Tafel stehen.

11 Now you

▶ Teaching tip Belohnung

1. Fragen Sie *What time is it?*, deuten Sie auf eine Uhr in Aufgabe 10 und lassen Sie sich die Uhrzeit nennen.
2. Bilden Sie Zweiergruppen.
3. Jeder Teilnehmer sucht sich fünf Uhren aus Aufgabe 10 aus.
4. Die Teilnehmer suchen sich immer abwechselnd eine Uhr aus und fragen ihren Partner nach der Uhrzeit.

Hinweis
▶ Teaching tip Gruppenbildung

– Je nach Sicherheit der Teilnehmer können die geschriebenen Uhrzeiten der Aufgabe 10 abgedeckt werden.

Variante

1. Jeder Teilnehmer malt groß eine Uhr mit Uhrzeit auf ein DIN A4 Blatt.
2. Bilden Sie zwei Teams, A und B.
3. Ein Teilnehmer aus Team A hält seine Uhr hoch, fragt *What time is it?* und ein Teilnehmer aus Team B muss die Uhrzeit benennen. Ist sie richtig, bekommt Team B einen Punkt. Ist sie falsch, bekommt Team A einen Punkt.
4. Es geht abwechselnd weiter, bis alle Uhrzeiten richtig benannt wurden.
5. Dem Siegerteam winkt heftiger Applaus oder eine kleine Belohnung.

Hinweis

– Die Variante funktioniert auch als Partnerübung.

12 Round up

1. Deuten Sie auf die Uhr an der Tafel und sagen Sie *It's three o' clock.* Schreiben Sie *Time: 4:15 – Bus: 45 – To: London*
2. Schreiben Sie darunter *What time is there a bus to London? There is a bus at …* Ihre Teilnehmer ergänzen die Uhrzeit *quarter past four*. *What number is the bus? It's number …* Ihre Teilnehmer ergänzen die Busnummer *forty-five*.
3. Zusammen mit ihrem Sitznachbarn befragen sich Ihre Teilnehmer abwechselnd wie im Beispiel im Buch nach den Busfahrzeiten in der Tabelle im Buch. Gehen Sie umher und helfen Sie, wenn nötig.
4. Abschließend können Sie zu einer Busverbindung die Fragen stellen und sich die Antworten anhand des Plans im Buch geben lassen.

UNIT 9

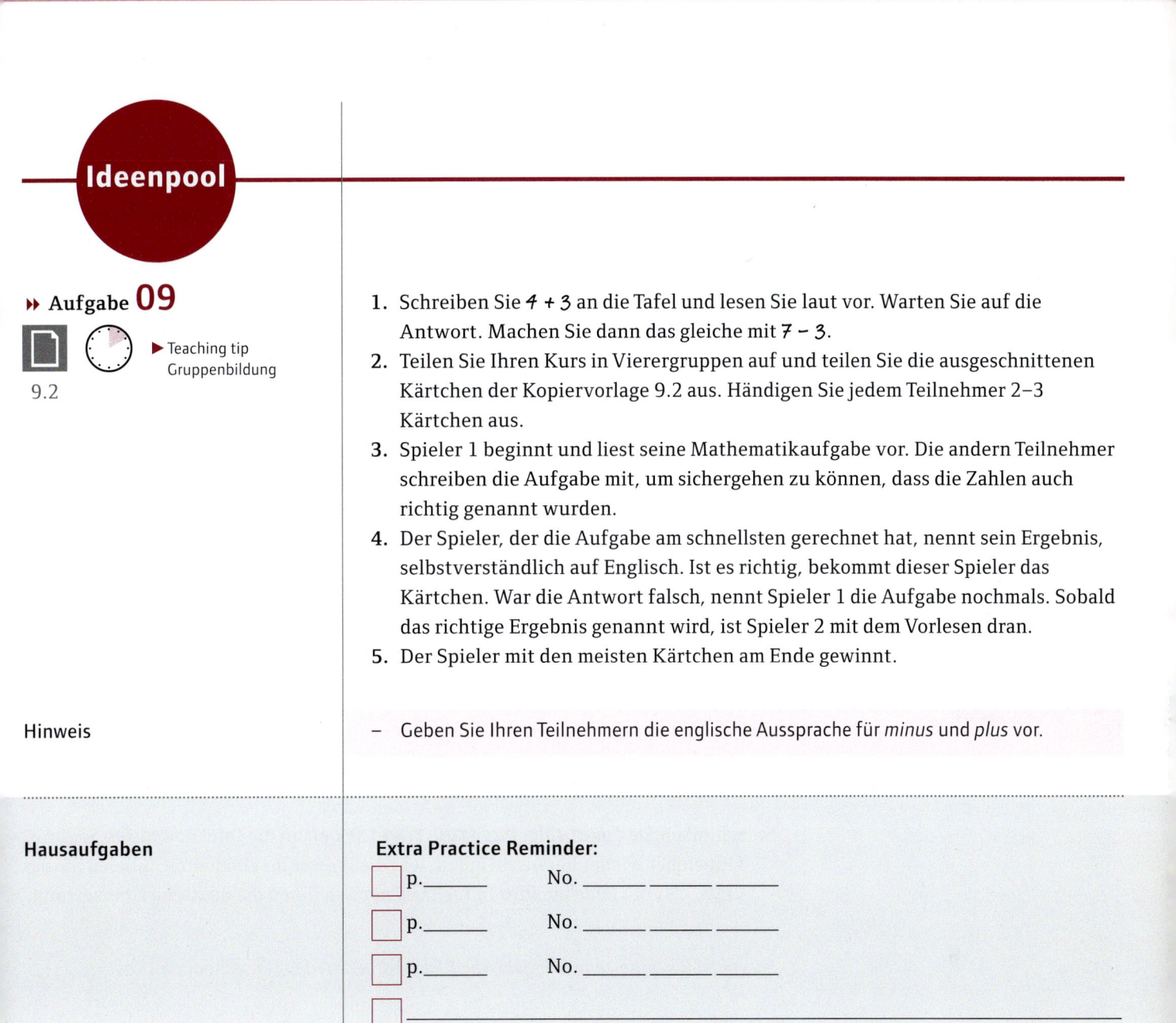

Ideenpool

» **Aufgabe 09**

9.2 ▶ Teaching tip Gruppenbildung

1. Schreiben Sie *4 + 3* an die Tafel und lesen Sie laut vor. Warten Sie auf die Antwort. Machen Sie dann das gleiche mit *7 − 3*.
2. Teilen Sie Ihren Kurs in Vierergruppen auf und teilen Sie die ausgeschnittenen Kärtchen der Kopiervorlage 9.2 aus. Händigen Sie jedem Teilnehmer 2–3 Kärtchen aus.
3. Spieler 1 beginnt und liest seine Mathematikaufgabe vor. Die andern Teilnehmer schreiben die Aufgabe mit, um sichergehen zu können, dass die Zahlen auch richtig genannt wurden.
4. Der Spieler, der die Aufgabe am schnellsten gerechnet hat, nennt sein Ergebnis, selbstverständlich auf Englisch. Ist es richtig, bekommt dieser Spieler das Kärtchen. War die Antwort falsch, nennt Spieler 1 die Aufgabe nochmals. Sobald das richtige Ergebnis genannt wird, ist Spieler 2 mit dem Vorlesen dran.
5. Der Spieler mit den meisten Kärtchen am Ende gewinnt.

Hinweis

− Geben Sie Ihren Teilnehmern die englische Aussprache für *minus* und *plus* vor.

Hausaufgaben

Extra Practice Reminder:

☐ p._____ No. _____ _____ _____

☐ p._____ No. _____ _____ _____

☐ p._____ No. _____ _____ _____

☐ _____

☐ _____

It's a great place!

| VIDEO SUGGESTIONS | FILM 5 – IN THE TOURIST INFORMATION OFFICE |

Es gibt verschiedene Einsatzmöglichkeiten für Videos im Unterricht – für langsamere und schnellere Gruppen, für absolute Anfänger und auch für Wiedereinsteiger. Es gibt englische Untertitel für das vollständige Video und deutsche Untertitel für die *Voice-Over-Parts*. Alle Videos haben eine Länge von 3,5 bis 4,5 Minuten. Nachfolgend finden Sie eine Idee für den Einsatz im Unterricht.

1. Spielen Sie das Video (Film 5) nur bis 00:11 ab. Ihre Teilnehmer sehen die Touristeninformation. Fragen Sie *What is that?* Sie werden viele Antworten hören, wie *house, building, shop* usw. Schreiben Sie *Tourist Information Office* an die Tafel, sobald es die Teilnehmer auf Deutsch oder Englisch nennen.
2. Fragen Sie *What can you do there?* Ihre Teilnehmer werden Ihnen vieles nur auf Deutsch nennen können. Nicken Sie zu den Ideen und schreiben Sie abschließend *You can ask for information.* an die Tafel.
3. Schreiben Sie das Wort *brochure* an die Tafel und bitten Sie Ihre Teilnehmer, durch aufmerksames Hören und Zusehen herauszufinden, was das sein könnte. Spielen Sie das Video bis 01:46 ab. Ihre Teilnehmer nennen Ihnen die deutsche Übersetzung: Broschüre.
4. Fragen Sie *What can the Burrs do in Tunbridge Wells?* Spielen Sie das Video bis 02:56 ab. Schreiben Sie an die Tafel *They can*:

Lösung

walk; shop; eat; drink; visit the Pantiles; visit many gardens in Kent; visit the famous garden Sissinghurst; go shopping in the centre

5. Schreiben Sie *timetable, bus stop, ring the bell* an die Tafel und bitten Sie Ihre Teilnehmer wieder herauszufinden, was die Wörter hier bedeuten. Spielen Sie das Video bis zum Ende ab. Ihre Teilnehmer nennen Ihnen die deutsche Übersetzung.

Lösung

Fahrplan, Bushaltestelle, klingeln/die Klingel drücken/den Halteknopf drücken

6. Teilen Sie die Klasse in drei Gruppen. Gruppe 1 konzentriert sich auf die Informationen zu der Touristeninformation, Gruppe 2 auf das Gespräch und Gruppe 3 auf die Busfahrt. Die Teilnehmer machen sich Notizen zu weiteren Informationen, die noch nicht genannt wurden. Spielen Sie das Video nochmals mit englischen Untertiteln ab. Die Teilnehmer können die Informationen an die Tafel schreiben.
7. Schreiben Sie an die Tafel: *Is/Are there ... in ...? Is there ... from here? Is that near ...? Where ...? When ...? What ... like? Are they / Is it ... on Sundays?* In Zweier- oder Dreiergruppen bilden Ihre Teilnehmer mögliche Fragen, die sie in einer Touristeninformation stellen können.
8. Wählen Sie zwei Teilnehmer aus, die die Rolle eines Mitarbeiters in einer Touristeninformation von *Touristtown* (fiktiver Ort) übernehmen und versuchen, gemeinsam die Fragen der anderen zu beantworten, nach ihrem eigenen Ermessen, da der Ort nicht existiert. Schreiben Sie Korrekturen an die Tafel.

Hinweis

– Ihre Teilnehmer können sich zu Hause das Video nochmals ansehen, die Aufgaben im Buch auf Seite 134 dazu lösen und mit dem Lösungsschlüssel auf Seite 166 selbst kontrollieren.

UNIT 10 | CONSOLIDATION

10 Consolidation

Consolidation Units bieten Ihnen die Möglichkeit, Wortschatz und Grammatik aus den vorangegangenen Units zu vertiefen, aufzufrischen und zu erweitern.

Lernziele
- Wiederholen und Vertiefen der Lernziele aus Unit 6–9
- E-Mail-Adressen aussprechen
- Wochentage

Grammatik
- *Our* und *their*

Materialien
- Aufgabe 01   Stadtplan von London
- Aufgabe 09   DIN A4 Blatt mit einem sehr großem Pfeil
- Aufgabe 10   KV 10.1, eine Kopie pro Paar

Starter

1. Schreiben Sie *London – a great place!* an die Tafel.
2. Fragen Sie *What can you see in London?* und lassen Sie die Teilnehmer brainstormen. Sammeln Sie die Ihnen genannten Orte an der Tafel und sprechen Sie sie beim Schreiben laut vor.

Hinweise

– Schreiben Sie die Orte ausschließlich auf Englisch an die Tafel.
– Lassen Sie die Plätze für Aufgabe 01 an der Tafel stehen.

01 London

1. Spielen Sie die CD ab. Ihre Teilnehmer hören die Namen verschiedener Sehenswürdigkeiten und sprechen sie nach.
2. Schreiben Sie die Orte aus dem Buch, die noch nicht an der Tafel stehen, mit an.
3. Deuten Sie nacheinander auf die Orte an der Tafel und lassen Sie diese von den Teilnehmern vorlesen.
4. Fragen Sie *Where is St Paul's Cathedral?* Alle Teilnehmer deuten mit einem Finger auf die entsprechende Stelle im Bild. Zur Verdeutlichung können Sie auf einem Stadtplan von London die Position anzeigen und sagen *It's here.*
5. Fragen Sie noch nach zwei weiteren Plätzen der Nummern 1–6.
6. Sagen Sie *My top three are (the London Eye, St Paul's Cathedral and Hyde Park).* Halten Sie dabei Ihren Daumen nach oben, um zu verdeutlichen, dass diese Orte Ihre Favoriten sind.

Consolidation

| UNIT 10 | CONSOLIDATION |

Hinweis	7. Die Teilnehmer schreiben sich ihre drei Lieblingsplätze auf, *My top three are …* und befragen sich gegenseitig.
	– Wenn Sie sich in London gut auskennen, können Sie nach 5. auch andere Orte, die an der Tafel stehen, auf dem Stadtplan zeigen bzw. Ihre Teilnehmer bitten, den Standort zu bestimmen.

02 London sights

🎧 56

1. Schreiben Sie *What's the town like?* an die Tafel und erklären Sie Ihren Teilnehmern, dass sie nun weitere Informationen zu London bekommen werden.
2. Spielen Sie die CD ab. Ihre Teilnehmer lesen den Text mit.
3. Lassen Sie die Wörter auf Seite 85 oben vorlesen. Zusammen mit ihrem Sitznachbarn unterstreichen die Teilnehmer die vier Einrichtungen, die im Text erwähnt werden.

Lösung: *cinemas; cafés; parks; pubs*

4. Schreiben Sie weiter an die Tafel: *There are …* Ihre Teilnehmer ergänzen den Satz mit den Dingen, die sie außerdem hören konnten.
5. Ihre Teilnehmer nennen Ihnen weitere Orte, die im Text erwähnt wurden. Schreiben Sie diese an die Tafel.

03 Listening

🎧 57

1. Lesen Sie die Situationsbeschreibung aus dem Buch vor.
2. Spielen Sie die CD ab. Ihre Teilnehmer hören Dialog 1 und notieren sich die Sehenswürdigkeit, die sie hören können.
3. Stoppen Sie die CD und fragen Sie nach der genannten Sehenswürdigkeit. Bitten Sie einen Teilnehmer, diese an die Tafel zu schreiben.
4. Verfahren Sie ebenso mit den Dialogen 2–4. Achten Sie darauf, dass die Plätze untereinander an die Tafel geschrieben werden.

Lösung: *1 The Tower (of London); 2 Hyde Park; 3 St Paul's Cathedral; 4 The British Museum*

> 1 The Tower (of London) — It's a great place.
> 2 Hyde Park — It's very famous.
> 3 St Paul's Cathedral — It's very interesting.
> 4 The British Museum — It's very nice.

5. Schreiben Sie die vier Sätze *It's a great place. It's very famous. It's very interesting. It's very nice.* neben die Sehenswürdigkeiten an die Tafel.
6. Ihre Teilnehmer hören die Dialoge erneut und nummerieren die Sätze im Buch entsprechend der Reihenfolge.
7. Bitten Sie nun einen Teilnehmer, den *Tower of London* mit dem Satz zu verbinden, der in Dialog 1 vorkam, indem er einen Strich als Verbindung zieht. Lassen Sie so auch alle weiteren Sätze und Plätze miteinander verbinden.
8. Lesen Sie die entstandenen Verbindungen vor, z. B. *The Tower of London? It's very interesting.*

Lösung: *1 It's very interesting.; 2 It's very nice.; 3 It's very famous.; 4 It's a great place.*

UNIT 10

Transcript
M = Man
R = Receptionist
W = Woman

1   M   So today it's the sights of London. Where can we go?
    R   Oh, ... well, what about the Tower of London? You can go there. It's very interesting.
    M   OK, the Tower. Thank you.
2   W   It's a nice day. Is there a park near here?
    R   Yes, there is - Hyde Park. It's very nice. And it isn't far from here.
3   W   Are there many interesting churches or cathedrals in the centre?
    R   Oh yes. You must visit St Paul's Cathedral. It's very famous. You can take a bus from here.
4   M   What about the British Museum? Is it good?
    R   The British Museum? Oh yes. It's a great place. You must go there.

04 Now you

1. Schreiben Sie eine mögliche Kombination aus A und B an die Tafel.
   A: *We can go to a museum.* B: *What about the Science Museum?*
2. Ihre Teilnehmer bilden zusammen mit ihrem Sitznachbarn Kurzdialoge, wie im Buch und an der Tafel.
3. Paarweise lesen die Teilnehmer einen Kurzdialog vor.

Variante

1. Schreiben Sie mögliche Kombinationen aus Aufgabe 03 und 04 an die Tafel
   A: *We can go to a (museum). / We can visit a (museum).*
   B: *OK. What about (the Science Museum)?*
   A: *Good Idea! / Great! / It's very interesting/famous/nice.*
2. Ihre Teilnehmer bilden zusammen mit ihrem Sitznachbarn Kurzdialoge.
3. Paarweise lesen die Teilnehmer einen Dialog vor.

Hinweis

– Für ein bisschen Abwechslung bei der Paarbildung können Sie kleine Bilder oder Postkarten von London kopieren, diese schräg in zwei Hälften zerschneiden, und austeilen. Die Teilnehmer suchen sich ‚ihren' Partner anhand der Bildhälften.

05 The alphabet

1. Wiederholen Sie das Alphabet, indem Sie mit A, B beginnen und Ihre Teilnehmer reihum immer den nächsten Buchstaben laut sagen.
2. Bei Z angelangt, geht es nun Teilnehmer für Teilnehmer rückwärts bis A.

Variante

Das ‚Klatsch-Spiel', dass Sie und Ihre Teilnehmer ja bereits kennen, lässt sich auch beim Alphabet einsetzen.
1. A, B, C, D, E, F, G, H – klatsch – I, J, K, L, M etc. (bei Klatsch ändert sich lediglich die Richtung bei den Kursteilnehmern)
2. A, B, C, D, E, F, G, H – klatsch – G, F, E, D etc. (bei Klatsch wird rückwärts buchstabiert)

Hinweis

– Wenn Ihre Teilnehmer noch Schwierigkeiten mit dem Alphabet haben, schreiben Sie mögliche Gedächtnisstützen an die Tafel, z. B.: *e-mail, USA, FBI, CIA, E.T., J.R.* (J.R. Ewing, aus DALLAS, der US-Serie), *The Bee Gees, GI s, George W. Bush, J.K. Rowling, L Ex(mann)* (für x), *V = Victory, YMCA* (Lied der Gruppe Village People; formen Sie hier die Buchstaben mit den Armen, wie es oft bei dem Lied gemacht wird.)

Consolidation

UNIT 10 — CONSOLIDATION

06 Hotels

58

1. Spielen Sie die CD ab. Ihre Teilnehmer hören die Namen der Hotels, die im Buch abgebildet sind, und sprechen sie nach.
2. Wenden Sie sich an den Teilnehmer, der Ihnen am nächsten sitzt, und sagen Sie laut eine Zahl zwischen eins und drei. Der Teilnehmer nennt Ihnen das entsprechende Hotel.
3. Der Nachbar macht weiter, indem er eine andere Zahl zwischen eins und drei nennt und sich wiederum an seinen Sitznachbarn wendet usw.

Hinweise

- Bei falscher Aussprache schalten Sie sich ein, wiederholen die Zahl und ermuntern einen anderen Teilnehmer zu antworten. Wiederholen Sie nochmals die richtige Aussprache.
- Sie können die Aktivität enden lassen, sobald alle drei Hotelnamen richtig genannt wurden, oder aber solange weiter machen, bis jeder einmal an der Reihe war.

07 Practice

▶ Teaching tip Paarbildung

1. Bilden Sie Zweiergruppen.
2. Lesen Sie zusammen mit einem Teilnehmer den ersten Dialog im Buch vor.
3. Ihre Teilnehmer üben das Buchstabieren mit den Hotelnamen anhand der Dialoge zwei und drei.

08 Email addresses

59

1. Nehmen Sie ein Beispiel einer einfachen Webseite ohne Schräg- oder Bindestrich, z. B. die der Deutschen Bahn. Schreiben Sie *www.bahn.de* und buchstabieren Sie die Web-Adresse. Malen Sie einen dicken Punkt an die Tafel und schreiben Sie daneben *dot*.
2. Schreiben Sie *info@bahn.de* und buchstabieren Sie die E-Mail-Adresse. Unterstreichen Sie das @-Zeichen und schreiben Sie *at*.
3. Lesen Sie den Teilnehmern die Angaben in der Box der Aufgabe vor.
4. Spielen Sie die CD ab, bei der Ihre Teilnehmer vier E-Mail-Adressen hören werden und nachsprechen können.
5. Lassen Sie die E-Mail-Adressen von Ihren Teilnehmern wiederholen.

Erweiterung

6. Schreiben Sie ein dickes Minus-Zeichen an die Tafel und daneben das Wort *minus*. Machen Sie vor allem die Aussprache deutlich.
7. Schreiben Sie eine E-Mail-Adresse, die ein Minus enthält, an die Tafel, z. B. die E-Mail-Adresse des Infozentrums von Cornelsen *c-mail@cornelsen.de* und buchstabieren Sie diese.
8. Die Teilnehmer nehmen das Kontaktblatt zur Hand, das sie gemeinsam in Unit 6, Aufgabe 11, erstellt haben, und ergänzen die Angaben mit den E-Mail-Adressen der Klassenkollegen.
   Dabei diktiert jeder seine E-Mail-Adresse der Klasse, ein Teilnehmer oder Sie selbst schreiben zur Kontrolle die E-Mail-Adresse an der Tafel mit.

Hinweis

- Wenn ein Teilnehmer keine E-Mail-Adresse hat oder seine nicht angeben möchte, kann er eine frei erfundene diktieren, dies aber den anderen mitteilen. Sie können auch ein paar Zettelchen mit (fiktiven) E-Mail-Adressen bereithalten.

09 Days of the week

1. Fragen Sie Ihre Teilnehmer, ob sie schon die Wochentage auf Englisch kennen, und schreiben Sie die Ergebnisse durcheinander an der Tafel an.
2. Lesen Sie die Wochentage in der Box einmal vor und lassen Sie sie nachsprechen.
3. Ihre Teilnehmer versuchen zunächst in Einzelarbeit die Wochentage in die richtige Reihenfolge zu bringen und besprechen anschließend mit ihrem Sitznachbarn ihre Lösungen.
4. Spielen Sie die CD mit der richtigen Reihenfolge der Wochentage ab.
5. Spielen Sie die CD ein zweites Mal ab, damit die Teilnehmer nachsprechen können.
6. Die Teilnehmer schreiben die Wochentage in der richtigen Reihenfolge an die Tafel. Alternativ können die Teilnehmer Ihnen die Wochentage diktieren, eventuell sogar buchstabieren.
7. Deuten Sie nacheinander auf verschiedene Wochentage an der Tafel. Die Teilnehmer sprechen den jeweiligen Tag im Chor.

Hinweis

– 3. ist für wirkliche Anfänger ein Ratespiel. Erklären Sie Ihren Teilnehmern, dass niemand erwartet, dass sie zu 100 % richtig liegen.

Erweiterung

8. Stellen Sie sich mit Ihren Teilnehmern in einem Kreis auf.
9. Nehmen Sie das Blatt mit dem Pfeil zur Hand und halten Sie es für alle sichtbar vor sich.
10. Kündigen Sie an, dass Sie alle der Reihe nach die Wochentage laut sagen werden.
11. Erklären Sie, dass der Pfeil die Richtung bestimmt. Halten Sie das Blatt so, dass der Pfeil für die Teilnehmer nach rechts zeigt. Das bedeutet vorwärts, also im Uhrzeigersinn. Drehen Sie nun das Blatt, so dass der Pfeil nach links zeigt, was rückwärts, also gegen den Uhrzeigersinn, bedeutet.
12. Nennen Sie den ersten Wochentag Ihrer Wahl, z. B. *Wednesday*, und halten Sie das Blatt mit dem Pfeil nach rechts. Der nächste Teilnehmer nennt den auf Mittwoch folgenden Wochentag *Thursday*, der nächste *Friday* etc.
13. Sobald Sie das Blatt drehen, wird nicht der darauf folgende, sondern der vorherige Tag genannt. Nach *Friday* kommt dann *Thursday*, *Wednesday* etc.

10 Now you

1. Malen Sie zwei Uhren an die Tafel. Die erste Uhr hat folgende Markierungen: 0/12, 3, 6, 9; die zweite Uhr 12/24, 15, 18, 21. Schreiben Sie unter die erste Uhr *am* und unter die zweite Uhr *pm*. Malen Sie bei beiden Uhren die Uhrzeit 3 bzw. 15 Uhr ein. Schreiben Sie unter jede Uhr *It's three o'clock*. Betonen Sie, dass die 24-Stunden-Zählung im Englischen sehr selten ist.
2. Deuten Sie auf das Schild *Bookshop* im Buch und lesen Sie die Aufgabe vor.
3. Die Teilnehmer versuchen zusammen mit ihrem Sitznachbarn, die Informationen auf den Schildern umzusetzen.
4. Bitten Sie drei Paare, die Öffnungszeiten der *Art Gallery*, des Restaurants und des Museums vorzulesen.
5. Bilden Sie Zweiergruppen.
6. Teilen Sie die Kopiervorlage 10.1. aus, ein Blatt pro Paar.
7. Lesen Sie die Situation auf der Kopiervorlage vor. Ihre Teilnehmer sollen einen gemeinsamen Tag in London planen.
8. Lassen Sie 2–3 Paare ihren Plan vortragen.

Erweiterung

10.1

| UNIT 10 | CONSOLIDATION |

Hinweis	– Gehen Sie umher, achten Sie darauf, dass die Teilnehmer möglichst viel Englisch sprechen. Helfen Sie evtl. bei Vokabeln und Formulierungen.

11 Round up

1. Lesen Sie die Situation im Buch vor.
2. Zusammen mit ihrem Sitznachbarn versuchen die Teilnehmer, die fehlenden Wörter in der Postkarte zu ergänzen.
3. Die Teilnehmer lesen abwechselnd und Satz für Satz die Postkarte vor.

Lösung

1 of; 2 Cathedral; 3 sights; 4 lovely; 5 names; 6 north; 7 far; 8 wishes

Erweiterung

4. Bilden Sie Zweiergruppen.
5. Die Teilnehmer stellen sich vor, gemeinsam im Urlaub in London zu sein und schreiben eine Postkarte an ihre Kurskollegen.
6. Sammeln Sie die Postkarten ein und verteilen Sie sie neu. Die Teilnehmer verbessern, wo nötig, und lesen die Postkarten vor.

12 LANGUAGE

1. Malen Sie zwei Strichmännchen an die Tafel.
2. Schreiben Sie *Our two new friends*. Wiederholen Sie den Satz und zeigen Sie zur Verdeutlichung von *our* auf sich selbst und die Teilnehmer. Zeigen Sie auf die beiden Strichmännchen und schreiben Sie *Their names are Petra and Helmut*. Betonen Sie beim Sprechen das Wort *their*.
3. Lesen Sie die *Language Box* einmal vor. Finden Sie mit Ihren Teilnehmern weitere Beispiele aus dem Klassenzimmer, z. B. *This is **our** book*. und halten Sie dabei das Buch hoch.

Hinweis

– Sie können hier auch alle bisher gelernten Possessivbegleiter wiederholen, z. B. *This is my mobile, and this is your mobile*.

Was habe ich in Unit 6–10 gelernt?

In dieser Rubrik können sich Ihre Teilnehmer selbst testen, ihren Lernstand überprüfen und eventuellen Übungsbedarf herausfinden.

Generell können Sie diese Seiten als Hausaufgabe aufgeben und eventuelle Fragen in der darauffolgenden Stunde klären. Die Ergebnisse der einzelnen Teilnehmer können Sie sich zeigen lassen, damit auch Sie selbst einen besseren Überblick haben.

Die Teilnehmer können bei vermehrtem Übungsbedarf die *Extra-Practice* Seiten nochmals durchgehen und noch offene nachholen.

Lösung

1 have; 2 Pardon; 3 check; 4 say; 5 course; 6 welcome; 7 keep; 8 town; 9 cinema; 10 pubs; 11 There are; 12 there's; 13 there isn't; 14 there aren't; 15 time; 16 train; 17 past; 18 to

VIDEO SUGGESTIONS	FILM 6 – THE BEATLES TOUR

Es gibt verschiedene Einsatzmöglichkeiten für Videos im Unterricht – für langsamere und schnellere Gruppen, für absolute Anfänger und auch für Wiedereinsteiger. Es gibt englische Untertitel für das vollständige Video und deutsche Untertitel für die *Voice-Over-Parts*. Alle Videos haben eine Länge von 3,5 bis 4,5 Minuten. Nachfolgend finden Sie eine Idee für den Einsatz im Unterricht.

1. Erklären Sie den Teilnehmern, dass sie ein Video über Liverpool sehen werden, es hier aber um eine spezielle Tour geht. Schreiben Sie *The tour is about ... The name of the tour is ... The tourists can see ...* an die Tafel und bitten Sie die Teilnehmer, sich Notizen zu der Tour und den Plätzen (Namen) zu machen, die man auf dieser Tour zu sehen bekommt. Spielen Sie das Video (Film 6) ohne Ton einmal komplett ab.
2. Ihre Teilnehmer nennen Ihnen alles, was sie durch das Ansehen des Videos herausfinden konnten. Schreiben Sie die Namen der Plätze an der Tafel mit.

Lösung

The tour is about the Beatles. The name of the tour is the Magical Mystery Tour. The tourists can see: Penny Lane, Strawberry Field, home of Paul McCartney (Forthlin Road), Yellow Submarine, Albert Dock, Cavern Club

3. Schreiben Sie *Beatles hits?* an die Tafel. Zeigen Sie auf die an der Tafel stehenden Orte und bitten Sie die Teilnehmer, die Plätze zu markieren/notieren, die auch Hits der Beatles waren. Zeigen Sie das Video erneut – dieses Mal mit Ton und englischen Untertiteln. Die Teilnehmer nennen Ihnen alle Beatles Hits. Unterstreichen Sie diese an der Tafel.

Lösung

Penny Lane, Strawberry Fields (Forever), Yellow Submarine

4. Schreiben Sie *The Beatles Tour* an die Tafel. Fragen Sie nach dem Startpunkt der Beatles Tour und wo sie endet. Deuten Sie auf die beiden nicht unterstrichenen Plätze *Albert Dock* und *Cavern Club* an der Tafel, wenn Ihre Teilnehmer Ihnen die Orte nennen. Sollten Ihre Teilnehmer sich nicht daran erinnern können, spielen Sie das Video ein weiteres Mal mit englischen oder auch deutschen Untertiteln ab.
5. Verteilen Sie mehrere Zettel mit den Namen der Bandmitglieder *John, Paul, George, Ringo* und bilden Sie so Gruppen. Die Teilnehmer überlegen gemeinsam, was es in Liverpool alles zu sehen gibt bzw. was sie dort machen könnten, wenn der Kurs dorthin fahren würde. Schreiben Sie untereinander an die Tafel: *A: You can see ... You can take ... There is/are ... You can visit ... What about ...? B: Yes. Let's go. That's nice! Good idea! Great! Ok.* Jede Gruppe schlägt nun abwechselnd etwas vor (A). Die Teilnehmer einer anderen Gruppe reagieren darauf (B) und geben danach der nächsten Gruppe neue Ideen zur Besichtigung von Liverpool. Die Satzanfänge an der Tafel dienen als Hilfestellung.

Hinweis

– Ihre Teilnehmer können sich zu Hause das Video nochmals ansehen, die Aufgaben im Buch auf Seite 135 dazu lösen und mit dem Lösungsschlüssel auf Seite 166 selbst kontrollieren.

| UNIT 11 | ENJOY YOUR MEAL! |

Enjoy your meal!

Lernziele	• Sagen, was man gerne isst und trinkt und was man nicht mag • Über Essgewohnheiten sprechen
Grammatik	• Die einfache Gegenwart mit *I* • Verneinung mit *don't*
Materialien	• Aufgabe 07 Variante: KV 11.1, eine Kopie pro Gruppe, Kärtchen und Dialog ausschneiden • Ideenpool: KV 11.2, eine Kopie pro Gruppe

Starter

1. Deuten Sie auf das Bild im Buch und sagen Sie, dass Sie heute über Essen und Trinken sprechen werden.
2. Ihre Teilnehmer nennen Ihnen alle Speisen und Getränke, die sie bereits auf Englisch kennen. Schreiben Sie diese an die Tafel.

Hinweise

– Schreiben Sie alle zählbaren Wörter bereits in der Pluralform an, da es sich um generelle Aussagen handelt. Sie müssen an dieser Stelle nicht ausführlich darauf eingehen.
– Lassen Sie die Wörter noch an der Tafel stehen. Sie brauchen sie in Aufgabe 01.

01 Listen and repeat

61

1. Suchen Sie sich ein Wort an der Tafel heraus und malen Sie ein Lachgesicht dahinter. Malen Sie ein trauriges Gesicht hinter ein anderes.
2. Schreiben Sie *I like (coffee) but I don't like (wine)*. Unterstreichen Sie die Bedeutung der Sätze, indem Sie sich über den Bauch streichen bzw. ein angeekeltes Gesicht machen.
3. Spielen Sie die CD ab. Die Teilnehmer sprechen den Mini-Dialog nach.

Hinweis

– Lassen Sie die Wörter sowie den Satz *I like (coffee) but I don't like (wine)*. für Aufgabe 02 an der Tafel stehen.

UNIT 11

02 Now you

1. Lesen Sie die Begriffe einmal laut vor und bitten Sie Ihre Teilnehmer, diese nachzusprechen.
2. Lesen Sie den Satz an der Tafel erneut vor. Fügen Sie *What about you?* hinzu und wenden Sie sich dabei an einen Ihrer Teilnehmer.
3. Ihr Teilnehmer bildet einen Satz mit *I like … but I don't like …* Malen Sie einen entsprechenden Smiley neben das genannte Wort an der Tafel – auch um die richtige Verwendung zu überprüfen. Wenn der Teilnehmer das gleiche Wort für seinen Satz benutzt wie Sie, fügen Sie einfach ein *too* an den Satz an.
4. Die Teilnehmer üben zusammen mit ihrem Sitznachbarn anhand der Bilder im Buch und sagen, was ihnen schmeckt und was nicht.
5. Anschließend lesen Ihre Teilnehmer paarweise einen der entstandenen Mini-Dialoge vor.

Hinweise

- Helfen Sie Ihren Teilnehmern bei der Bildung des Satzes an der Tafel, indem Sie Schritt für Schritt auf das Beispiel deuten.
- Schreiben Sie in jedem Fall einen Satz mit *too* an die Tafel, um die Bedeutung und Satzstellung zu verdeutlichen.
- Sie können das Tafelbeispiel auch mit mehreren Teilnehmern wiederholen, bevor in Zweiergruppen geübt wird.

03 Dialogue

62

1. Schreiben Sie **meat – steak** und **fish** an die Tafel. Sagen Sie *I like meat. What about you?* Viele Ihrer Teilnehmer werden mit *I like fish.* oder *I like meat, too.* antworten. Sobald Sie aber *I don't like meat.* hören, schreiben Sie **You are a vegetarian.**
2. Lesen Sie die Situation und die Frage im Buch vor. Ihre Teilnehmer hören den Dialog und lesen mit. Spielen Sie dazu die CD ab. Ihre Teilnehmer finden die Antwort.

Lösung

Enjoy your meal!

Erweiterung

meat	fish	drink

3. Schreiben Sie in einer einfachen Tabelle an die Tafel: **meat fish drink**. Ihre Teilnehmer machen sich beim zweiten Hören Notizen zu den Gerichten und Getränken, die sie hören können. Spielen Sie hierfür die CD ein zweites Mal ab.
4. Die Teilnehmer ordnen das Gehörte in die Tabelle an der Tafel ein.
5. Kontrollieren Sie mit Ihrer Klasse die Tabelle und lassen Sie die Wörter laut vorlesen.

Lösung

meat: roast beef; fish: fish soup, fish and chips; drink: (glass of) wine

Hinweis

- Die Teilnehmer lesen den Dialog beim ersten Mal mit, beim zweiten Hören schließen sie das Buch. Achtung: Erlauben Sie langsamen Teilnehmern das Mitlesen. Schnellere Gruppen oder Teilnehmer mit Vorkenntnissen halten das Buch von Anfang an geschlossen.

UNIT 11 — ENJOY YOUR MEAL!

04 Quick check

1. Ihre Teilnehmer lesen den Dialog nochmals durch und ordnen – jeder für sich – die Sätze nach Richtigkeit.
2. Reihum lesen die Teilnehmer die entstandenen Sätze vor.
3. Wenn Ihre Teilnehmer mit einem genannten Satz nicht einverstanden sind, bitten Sie sie, ihn korrekt zu wiederholen.

Lösung

Heike: I don't eat meat. I eat fish. I don't drink at lunchtime.
Mary: I like meat. I don't like fish. I don't eat a lot of soup. I like roast beef.

05 LANGUAGE

1. Lesen Sie die ersten beiden Sätze der *Language Box* vor. Schreiben Sie an die Tafel *I like/eat/drink ... but I don't like/eat/drink ...*
2. Schreiben Sie an die Tafel, was Sie mögen, essen, trinken, z. B. *meat, fish, wine* und was Sie nicht mögen, z. B. *roast beef, fish soup, red wine*. Benutzen Sie bekanntes Vokabular. Sagen Sie, was auf Sie zutrifft: *I like meat but I don't like roast beef, I eat fish but I don't eat fish soup. I drink wine but I don't drink red wine.*
3. Fragen Sie *What about you?* Ihre Teilnehmer nennen Ihnen Sachen, die sie (nicht) mögen, essen, trinken. Schreiben Sie diese zu den entsprechenden Satzanfängen an der Tafel.
4. Weisen Sie auch auf die weniger gebräuchliche Langform von *don't* hin. Lesen Sie hierzu die letzten beiden Sätze in der *Language Box* vor.

> I like/eat/drink ...
> but I don't like/eat/drink ...

Hinweis

– Achten Sie darauf, dass Ihre Teilnehmer gleich in ganzen Sätzen sprechen, wenn sie Ihnen ihre Vorlieben und Abneigungen beim Essen nennen.

06 Practice

1. Jeder Teilnehmer versucht, die Sätze richtig zu ergänzen.
2. Anschließend lesen die Teilnehmer die Sätze vor.

Lösung

1 don't like; 2 don't drink; 3 don't eat; 4 don't eat; 5 don't like; 6 don't drink

Hinweis

– Hier arbeiten die Teilnehmer allein. Geben Sie ihnen die Zeit, die sie benötigen. Schnellere Teilnehmer können in der Zwischenzeit zusätzlich freie Sätze nach demselben Muster bilden und diese im Anschluss an die Aufgabe vorlesen.

07 Now you

▶ Teaching tip Gruppen-/Paarbildung

1. Erklären Sie Ihren Teilnehmern, dass sie kleine Dialoge bilden sollen. Um die Aufgabe im Buch zu verdeutlichen, kreieren Sie zunächst zusammen mit Ihren Teilnehmern kleine Dialoge. Schreiben Sie dazu an die Tafel: *I like pizza. What about you?* und wenden Sie sich an die Klasse. Schreiben Sie die Antwort an die Tafel, z. B. *I like pizza too.*

Variante

📄 🕐
11.1

2. Schreiben Sie *I don't eat fish.*, schauen Sie erwartungsvoll in die Runde und schreiben Sie die Reaktionen ebenfalls an die Tafel, z. B. *I don't eat a lot of fish.*
3. Ihre Teilnehmer üben zu zweit mit den Angaben im Buch.

1. Situation: Ihre Teilnehmer sitzen zusammen in einem Pub und sprechen über ihre Vorlieben und Abneigungen beim Essen und Trinken.
2. Bilden Sie Gruppen (vier Teilnehmer) und teilen Sie die ausgeschnittenen Kärtchen der Kopiervorlage 11.1 aus. Die Kärtchen liegen verdeckt auf dem Tisch.
3. Ein Mitspieler zieht eine Karte und legt sie offen auf den Tisch. Die Teilnehmer versuchen, einen Dialog mit möglichst vielen Sätzen rund um das Wort auf der Karte zu bilden.
4. Jede Gruppe spielt abschließend einen Dialog vor.

Hinweise

– Gehen Sie umher und helfen und verbessern Sie, wo nötig.
– Begrenzen Sie das Spiel auf 5–10 Minuten, wenn Sie wenig Zeit haben.

08 Listen and repeat

🎧 🕐
63

1. Deuten Sie auf die Bilder im Buch und fragen Sie nach der möglichen Uhrzeit. Schreiben Sie für jedes Bild *eine* mögliche Uhrzeit an die Tafel.
2. Spielen Sie die CD ab und bitten Sie Ihre Teilnehmer nachzusprechen.
3. Deuten Sie auf die Uhrzeit für das Frühstück, sagen Sie z. B. *It's 8 o'clock.* und lesen Sie den Satz bei Bild 1 vor. Deuten Sie auf die Mittagszeit, bitten Sie einen Ihrer Teilnehmer, die Uhrzeit an der Tafel zu nennen, und den Satz unter Bild 2 zu lesen. Verfahren Sie so auch mit dem dritten Bild.

Hinweis

– Da dies auch gleichzeitig eine kleine Wiederholung für die Uhrzeiten ist, achten Sie darauf, dass die Teilnehmer die Uhrzeiten auf Englisch sagen.

09 Listening

🎧 🕐
64

1. Kündigen Sie an, dass die Teilnehmer nun vier Personen hören werden, die über ihre Essgewohnheiten sprechen. Spielen Sie die CD ab. Ihre Teilnehmer hören nur zu!
2. Ihre Teilnehmer hören die Texte ein zweites Mal. Dieses Mal lesen alle mit und versuchen, die Sätze zu ergänzen.
3. Die Teilnehmer lesen die Sätze, die sie ergänzt haben, vor – möglichst nicht der Reihe nach. Die anderen Teilnehmer hören zu und ordnen den Satz der richtigen Person zu, indem sie auf die Person zeigen. Sie können den Personen auch Namen geben und die Teilnehmer sagen z. B. *(Robert): We have fish on Friday. (Erika): It's Nancy.*

UNIT 11 — ENJOY YOUR MEAL!

Lösung

1 breakfast
2 sandwich
3 eat fish
4 snack
5 evening meal

10 Round up

▶ Teaching tip
Gruppenbildung

1. Schreiben Sie in einer Tabelle an die Tafel *at*, *on*, *in*, *for*.
2. Die Teilnehmer finden in den Texten der Aufgabe 09 die Zeitangaben oder Begriffe, die den Präpositionen folgen. Ergänzen Sie die Angaben auch mit bereits Gelerntem.

at	on	in	for
lunchtime	Sunday	a café	lunch
half past seven	Friday	the park	breakfast
eight o'clock	Wednesday etc.	the evening	dinner

3. Ihre Teilnehmer üben in Kleingruppen und sprechen über ihre Essgewohnheiten. Die Sprechblasen im Buch dienen zur Orientierung. Gehen Sie umher, bleiben Sie bei jeder Gruppe kurz stehen, und reden Sie auch über Ihre Essgewohnheiten.

Hinweis

— Das Tafelbild mit den Präpositionen können Ihre Teilnehmer auf ein Extra-Blatt übertragen und immer ergänzen, wenn neue Zeitangaben dazu kommen.

Ideenpool

▸ Aufgabe 05

11.2

1. Teilen Sie Kopiervorlage 11.2 aus.
2. Ihre Teilnehmer bilden aus den Wörtern der Kopiervorlage so viele Sätze wie möglich.
3. Abschließend lesen die Teilnehmer ihre Sätze abwechselnd vor.
4. Die anderen Teilnehmer können auf die gehörten Sätze reagieren, z. B. *A: I don't like fish. B: Really? I like it.*

Hinweise

– Auf der Kopiervorlage finden die Teilnehmer nur *do not*. Weisen Sie Ihre Teilnehmer darauf hin, dass sie für die Sätze sowohl die Kurz- als auch die Langform verwenden können, die Kurzform jedoch gebräuchlicher ist.
– In dieser Aufgabe werden auch andere bereits gelernte Begriffe mit eingesetzt und somit wiederholt.
– Die Aufgabe kann auch in Partnerarbeit oder in einer Kleingruppe gemacht werden.

▸ Aufgabe 07

1. Die Teilnehmer suchen sich ein Wort rund ums Essen und Trinken aus und buchstabieren dieses rückwärts der Klasse: *f – e – e – b*.
2. Sobald ein Teilnehmer das Wort erkannt hat, ruft er es in den Raum und ist dann selbst an der Reihe zu buchstabieren.

Variante

2. Die Teilnehmer reagieren auf den Begriff, bevor sie ein weiteres Wort buchstabieren, z. B. mit *I like beef!* oder *I don't like beef, I'm a vegetarian*.

▸ Aufgabe 10

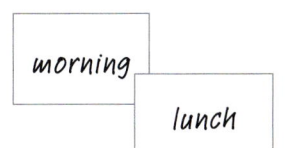

morning

lunch

1. Bitten Sie Ihre Teilnehmer, ein großes Blatt zu nehmen und darauf eine Tageszeit, eine Essenszeit, eine Uhrzeit oder einen Wochentag zu schreiben, z. B. *Sunday* oder *lunch*.
2. Jeder Teilnehmer gibt sein Blatt an den rechten Sitznachbarn weiter.
3. Die Teilnehmer bilden reihum einen Satz mit der Angabe auf ihrem Blatt, z. B. *Sunday – I have a big breakfast on Sunday*.

Hinweis

– Achten Sie verstärkt auf die richtige Präposition.

Erweiterung

4. Die Teilnehmer reichen die Blätter wieder an den rechten Sitznachbarn weiter.
5. Mit dem neuen Blatt in der Hand laufen die Teilnehmer durch das Klassenzimmer und versuchen einen Klassenkollegen mit der gleichen Aussage zu finden.

Hinweis

– Sie können ein Beispiel an die Tafel schreiben: *A: I have a hot meal at lunchtime on Sunday. What about you? B: I don't have a hot meal on Sunday. / I have a hot meal on Sunday too.*

UNIT 11 — ENJOY YOUR MEAL!

Hausaufgaben

Extra Practice Reminder:

☐ p._____ No._____ _____ _____

☐ p._____ No._____ _____ _____

☐ p._____ No._____ _____ _____

☐ _____

☐ _____

UNIT 12 — I SING IN THE BATH

I sing in the bath

Lernziele	• Über Freizeitaktivitäten sprechen • Interesse zeigen
Grammatik	• Fragen mit *Do you?* • Fragewörter: *what, when, where*
Materialien	• Aufgabe 01: KV12.1, Begriffe und Bilder vergrößern und kopieren, Befestigungsmaterial Alternativ eine Kopie pro Teilnehmer plus eine Kopie ausgeschnitten • Ideenpool: KV 12.2, eine Kopie pro Paar, ausgeschnitten

Starter

1. Schreiben Sie *go swimming*, *sing* und *go dancing* an die Tafel und zeigen Sie auf die Bilder im Buch.
2. Sagen Sie einen Satz, der auf Sie selbst zutrifft, z. B. *I don't sing in a choir.*
3. Fragen Sie *And you?* und richten Sie die Frage an Ihre Teilnehmer.

01 Words

65 12.1

1. Schreiben Sie *free time* an die Tafel und erklären Sie den Teilnehmern, dass es hier um das Thema Freizeit geht.
2. Spielen Sie die CD ab. Ihre Teilnehmer hören Begriffe zum Thema Freizeit. Sie können diese in der Aufgabe mitlesen.
3. Befestigen Sie die ausgeschnittenen Begriffe der Kopiervorlage 12.1 an einer der Tafelseiten und die Bilder an der anderen.
4. Bitten Sie Ihre Teilnehmer, jeweils einen Begriff mit dem dazugehörigen Bild abzunehmen und in der Mitte der Tafel zusammen anzuordnen.
5. Überprüfen Sie die Lösungen und hängen Sie die Begriffe gegebenenfalls um.
6. Klappen Sie die Tafel zu oder verdecken Sie sie. Ihre Teilnehmer kreuzen die Begriffe im Buch an, an deren Bedeutung sie sich erinnern können. Klappen Sie zur Kontrolle für die Teilnehmer die Tafel am Schluss wieder auf.
7. Ihre Teilnehmer hören die Begriffe ein weiteres Mal und sprechen diese nach. Spielen Sie die CD erneut ab.

UNIT 12	I SING IN THE BATH

Hinweis	– Wenn Sie keine Möglichkeit haben, die Begriffe und Bilder zu vergrößern, verteilen Sie alternativ die Kopiervorlage an die Teilnehmer und lassen Sie die Aktivitäten den Bildern zuordnen. Bei 6. drehen die Teilnehmer das Blatt um.
Variante ab 4.	4. Die Hälfte der Teilnehmer nimmt sich jeweils einen Begriff, die andere Hälfte ein Bild von der Tafel. 5. Die Teilnehmer versuchen, den Begriff bzw. das Bild, das ihr eigenes Kärtchen beschreibt oder darstellt, zu finden, und stellen sich mit ihrem neuen Partner zusammen. 6. Überprüfen Sie die Lösungen, bitten Sie nicht zusammen passende Paare in die Mitte, um den richtigen Partner finden zu können. 7. Damit die Zuordnungen für alle gut sichtbar werden, hängen die Teilnehmer diese an die Tafel. 8. Zusammen mit ihrem neuen Partner kreuzen die Teilnehmer im Buch die Begriffe an, an deren Bedeutung sie sich noch erinnern können. 9. Sie können die CD nochmals abspielen. Bitten Sie Ihre Teilnehmer mitzusprechen.
Hinweis	– Wenn Sie für die Zuordnung die Kopiervorlage benutzt haben, teilen Sie bei 4. die ausgeschnittenen Bilder und Begriffe ohne feste Reihenfolge an Ihre Teilnehmer aus.
02 Dialogue 66	1. Ihre Teilnehmer hören einen Dialog zwischen Mary und Heike, die sich über ihre Freizeit unterhalten. Die Teilnehmer finden heraus, was Mary kann – Tanzen oder Singen. Spielen Sie hierzu die CD ab. 2. Schreiben Sie *Mary can sing. Mary can dance.* an die Tafel. Ihre Teilnehmer nennen Ihnen die richtige Lösung. Löschen Sie den falschen Satz an der Tafel.
Lösung	*Mary can dance.*
	3. Ihre Teilnehmer lesen den Text erneut durch, finden weitere Freizeitbeschäftigungen, schreiben diese an die Tafel und lesen sie laut vor.
Lösung	*watch TV/cookery programme* *cook* *do yoga* *go to an evening class* *sing (in a choir)* *go dancing*
Hinweise	– Achten Sie darauf, dass die Teilnehmer das Buch am Platz lassen, wenn sie zur Tafel gehen, um die Rechtschreibung zu trainieren. – Lassen Sie die Freizeitbegriffe noch für Aufgabe 03 an der Tafel stehen.

03 Quick check	1. Die Teilnehmer ergänzen die Sätze mit den passenden Verben aus dem Dialog in Aufgabe 02.
2. Um die Lösung zu überprüfen, lesen die Teilnehmer die Sätze vor.	
Lösung	*1 watch*
2 do
3 go
4 sing	
Erweiterung	3. Greifen Sie sich ein Stichwort an der Tafel heraus und bilden Sie einen Satz, der auf Sie persönlich zutrifft, z. B. *I cook in the evening*.
4. Ihre Teilnehmer bilden nun mit den Wörtern an der Tafel jeweils einen für sie zutreffenden Satz.	
Hinweise	– Lassen Sie die Wörter für Aufgabe 04 an der Tafel stehen.
– Klären Sie am Ende der Aufgabe noch unbekannte Wörter.	

04 LANGUAGE

1. Lesen Sie die Sätze der *Language Box* vor. Deuten Sie bei den Sätzen auf sich selbst und bei den Fragen auf Ihre Teilnehmer.
2. Bitten Sie Ihre Teilnehmer, die *Do*-Fragen aus dem Text zu finden und vorzulesen.
3. Schreiben Sie eine Frage an der Tafel mit, z. B. *Do you cook at home?*
4. Beantworten Sie die Frage mit *Yes* und mit *No* und schreiben Sie beide Varianten (Langform!) an die Tafel. *Yes, I cook at home. No, I don't cook at home.*
5. Stellen Sie die weiteren Fragen verschiedenen Teilnehmern und lassen Sie diese beantworten.

Hinweise

– Um Ihren Teilnehmern die relativ einfache Bildung der *Do*-Fragen genauer zu verdeutlichen, können Sie den Satz *You cook at home.* an die Tafel schreiben, und Schritt für Schritt den Satz in eine Frage verwandeln – zuerst den Punkt durch ein Fragezeichen ersetzen, dann das *do* an den Anfang des Satzes stellen.
– Da die Kurzform noch nicht bekannt ist, achten Sie darauf, dass Ihre Teilnehmer in ganzen Sätzen antworten.

05 Practice

1. Schreiben Sie die erste Frage der Aufgabe an die Tafel *Do you play tennis?*
2. Ihre Teilnehmer bilden Fragen aus den angegebenen Wörtern.
3. Schreiben Sie eine positive Antwort an die Tafel: *Yes, I play tennis.*
4. Die Teilnehmer stellen Ihnen die restlichen Fragen. Antworten Sie nur, wenn die Satzstellung korrekt ist. Wenn nicht, schütteln Sie leicht den Kopf, schauen Sie fragend und warten Sie, bis Ihnen jemand die richtig gebildete Frage stellt. Helfen Sie, wenn nötig.

I sing in the bath

UNIT 12	I SING IN THE BATH

Lösung	*2 Do you watch a lot of TV?* *3 Do you meet friends after work?* *4 Do you go to many evening classes?* *5 Do you go dancing?* *6 Do you cook a lot at home?*
Hinweise	– Sie können Ihren Teilnehmern hier schon eine erste Regel zur Satzstellung geben: Ort und Zeit kommt meist an den Schluss des Satzes. Dabei gilt: Ort vor Zeit – O vor Z im Alphabet. – Lassen Sie die Frage und Antwort noch für Aufgabe 06 an der Tafel stehen.
06 LANGUAGE	1. Lesen Sie die Frage und Antwort an der Tafel nochmals vor. 2. Fragen Sie *When?* Schreiben Sie vor dem *Do* das Fragewort und ändern Sie die Großschreibung bei *Do*. Lesen Sie die so entstandene Frage mit Fragewort vor *When do you play tennis?* 3. Wischen Sie das *Yes* weg und ergänzen Sie die Antwort mit einer möglichen Zeitangabe, z. B. *I play tennis on Monday*. 4. Ihre Teilnehmer lesen die Fragen der *Language Box* vor und versuchen, diese zu beantworten. Alternativ können die Teilnehmer Ihnen die Fragen stellen und Sie geben eine Beispielantwort, z. B. *I go to the cinema (on Friday)*.
07 Practice	1. Lesen Sie die erste Frage der Aufgabe vor und betonen Sie *watch*. Lesen Sie die dazugehörige Antwort und betonen Sie auch hier das Wort *watch*. 2. Ihre Teilnehmer ordnen – jeder für sich – die Antworten den Fragen zu und besprechen sich anschließend mit ihrem Sitznachbarn. 3. Ihre Teilnehmer lesen immer paarweise die Fragen und Antworten vor. Wenn eine Zuordnung nicht stimmt, schütteln Sie den Kopf und wenden sich dem nächsten Paar zu. Wiederholen Sie die Frage.
Lösung	2F; 3D; 4A; 5C; 6E
08 Now you	1. Schreiben Sie die Frage *What do you do in your free time?* an die Tafel. 2. Die Teilnehmer lesen die Sätze in den Sprechblasen vor. 3. Die Teilnehmer stellen diese Frage ihren Sitznachbarn links und rechts und geben abwechselnd verschiedene Antworten auf die Frage. Gehen Sie umher und verbessern Sie, wo nötig. 4. Ihre Teilnehmer bilden zusammen mit ihrem Sitznachbarn einen Satz mit möglichst vielen Informationen und schreiben diesen unter die Frage an der Tafel, z. B. *I play tennis at six o' clock on Monday evening*. 5. Die Teilnehmer notieren die Sätze von der Tafel, besprechen mögliche Fehler aller Sätze zusammen mit ihrem Sitznachbarn und verbessern diese. Überprüfen Sie die Sätze am Schluss gemeinsam.
Erweiterung	

Hinweis	– Ihre Teilnehmer können bei 3. auch aufstehen und möglichst viele Klassenkollegen befragen und auf Fragen antworten.
Background	Bei der Satzstellung im Englischen gilt Ort vor Zeit. Als Merkhilfe eignet sich hier ‚O kommt vor Z im Alphabet'. Treffen zwei Orts- bzw. Zeitangaben aufeinander, gilt die Regel ‚Genau vor Ungenau(er)', z. B. *I'm from Hamburg in the north of Germany.*

09 Listening
67

1. Ihre Teilnehmer lesen das Infoblatt des *Liverpool Sports Centre* durch.
2. Kündigen Sie an, dass Ihre Teilnehmer eine Anrufbeantworteransage hören werden und ausschließlich zuhören sollen. Spielen Sie die CD ab.
3. Die Teilnehmer versuchen, die fehlenden Angaben auf dem Blatt zu ergänzen. Sie müssen nicht jedes Wort verstehen und sollen sich auf die fehlenden Informationen beschränken. Spielen Sie die CD hierzu erneut ab.
4. Ihre Teilnehmer vergleichen ihre Antworten mit ihrem Sitznachbarn.
5. Lassen Sie die Angaben zu Tennis, Schwimmen und Yoga vorlesen. Gibt es falsche Lösungen, spielen Sie die CD zur Überprüfung ein drittes Mal ab.

Lösung

Tennis: Monday
Swimming: Tuesday
Yoga: Wednesday

Transcript

Hello. This is the Liverpool Sports Centre. We are sorry, the Sports Centre is not open now. Here are the opening times for your information.
The tennis centre is open from 8 am to 8 pm, Monday to Friday. It is open from 9 am to 8 pm on Saturday, and from 9 am to 4 pm on Sunday.
The swimming pool is open on Tuesday from 10 o'clock to 6 o'clock, and on Monday, Wednesday, Thursday and Friday from 12.30 to 8 o'clock.
Yoga classes are on Wednesday at 4 pm and 7 pm, and on Friday at 6 pm and 8 pm.
Thank you for calling.

10 Words
68

1. Schreiben Sie an die Tafel *at – in – on*.
2. Sagen Sie *I play tennis **at** the weekend.*, betonen Sie die Präposition *at* und zeigen Sie auch auf *at* an der Tafel. Lesen Sie die drei weiteren Zeitangaben in der Aufgabe vor.
3. Die Teilnehmer finden die passenden Präpositionen zu den anderen Beispielen in der Aufgabe.

Lösung

oben links: at
oben rechts: in
unten: on

4. Zur Überprüfung spielen Sie die CD ab, die Teilnehmer sprechen nach.

I sing in the bath

UNIT 12	I SING IN THE BATH

Erweiterung	5. Die Teilnehmer versuchen mit den Zeitangaben einen Satz zu bilden. Sie können die Sätze an die Tafel schreiben bzw. schreiben lassen.
Hinweis	– Wenn Ihre Teilnehmer bei Unit 11, Aufgabe 10, ein Extra-Blatt mit den Präpositionen erstellt haben, können sie es hier mit den zusätzlichen Zeitangaben ergänzen.

11 Words

1. Die Teilnehmer ergänzen die Sätze mit den richtigen Präpositionen.
2. Immer paarweise lesen die Teilnehmer die Mini-Dialoge vor. Verbessern Sie, wo nötig.

Lösung: *1 on; 2 in; 3 at; 4 at; 5 at; 6 on*

12 Round up

1. Verteilen Sie Post-Its. Ihre Teilnehmer schreiben zwei bis drei Sätze zu Freizeitaktivitäten auf, die sie selbst gerne machen – ohne Zeit- oder Ortsangaben, z. B. *I go dancing*.
2. Die Teilnehmer laufen umher und stellen möglichst vielen verschiedenen Teilnehmern Fragen mit Fragewörtern zu den Angaben auf den Post-Its ihrer Klassenkollegen, z. B. *Where do you go dancing? When do you do that?*
3. Die Teilnehmer gehen zurück auf ihre Sitzplätze und stellen einem Teilnehmer eine *Do*-Frage, von dem sie sich eine *Yes*-Antwort erhoffen, weil sie sich an dessen Angaben erinnern, z. B. *Do you cook in the evening? Yes, I cook in the evening.* Für jedes *Yes* gibt es einen Punkt.

Hinweise
– Sie können die Aufgabe vereinfachen, indem Sie Fragen mit *Where* … und *When* … an die Tafel schreiben.
– Bei einer ungeraden Zahl nehmen Sie selbst an dieser Aufgabe teil.
– Wenn Sie nicht viel Zeit haben, können Sie Schritt 3 weglassen.
– Manche Teilnehmer kennen vielleicht das Amerikanische *on the weekend*. Gehen Sie darauf nicht näher ein.

Variante
1. Verteilen Sie Post-its. Ihre Teilnehmer schreiben zwei Sätze zu Freizeitaktivitäten auf, die sie selbst gerne machen – ohne Zeit- oder Ortsangaben, z. B. *I go dancing*. sowie eine Lüge, die sie aber nicht verraten, sondern als wahr ausgeben, z. B. *I do gardening*.
2. Die Teilnehmer laufen umher und stellen möglichst vielen verschiedenen Teilnehmern Fragen mit Fragewörtern zu den Angaben auf den Post-its ihrer Klassenkollegen, z. B. *Where do you go swimming? When do you do that?* Die angesprochenen Teilnehmer beantworten die Fragen möglichst detailliert, z. B. *I go swimming in Erfurt*. Auch die Lüge wird beantwortet, natürlich nicht wahrheitsgemäß und somit verschleiert. Die Frage stellenden Teilnehmer versuchen durch die Fragen, die Lüge herauszufinden. Bereits ein Zögern bei der Antwort oder eine zu ungenaue Zeitangabe können der Schlüssel dazu sein.

UNIT 12

3. Die Teilnehmer gehen zurück auf ihre Plätze und stellen einem Klassenkollegen eine *Do*-Frage zu einem Satz, von dem sie glauben, dass es die Lüge war. Der angesprochene Teilnehmer darf nur mit der Wahrheit antworten.

Ideenpool

» **Aufgabe 08**

12.2

1. Teilen Sie Kopiervorlage 12.2 aus, eine Kopie pro Paar, ausgeschnitten.
2. Erklären Sie kurz die Situation: Maria und Andrea lernen sich in einem Kurs kennen.
3. Die Teilnehmer versuchen, aus den einzelnen Sätzen einen möglichst langen Dialog zu bilden.
4. Lassen Sie immer paarweise den Dialog vorlesen.

Hausaufgaben

Extra Practice Reminder:

☐ p._____   No. _____ _____ _____

☐ p._____   No. _____ _____ _____

☐ p._____   No. _____ _____ _____

☐ _____

☐ _____

93   I sing in the bath

| VIDEO SUGGESTIONS | FILM 7 – SUNDAY LUNCH IN THE PUB |

Es gibt verschiedene Einsatzmöglichkeiten für Videos im Unterricht – für langsamere und schnellere Gruppen, für absolute Anfänger und auch für Wiedereinsteiger. Es gibt englische Untertitel für das vollständige Video und deutsche Untertitel für die *Voice-Over-Parts*. Alle Videos haben eine Länge von 3,5 bis 4,5 Minuten. Nachfolgend finden Sie eine Idee für den Einsatz im Unterricht.

Vorbereitung

Schneiden Sie aus dickerem Papier Kärtchen zurecht und schreiben Sie auf die Kärtchen die Sätze eines jeden Dialogs aus dem Video – ein Satz pro Kärtchen. Alternativ kopieren Sie das Film Script zu Film 7, Seite 162 im Buch, größer und zerschneiden die Dialoge in die einzelnen Sätze.

1. Erklären Sie den Teilnehmern, dass sie ein Video über zwei Familien in Marden sehen werden, die gemeinsam etwas unternehmen.
2. Schreiben Sie *There are _____ people in the pub.* an die Tafel und bitten Sie Ihre Teilnehmer, die Leute zu zählen. Spielen Sie das Video (Film 7) bis 00:15 ohne Untertitel ab. Die Teilnehmer nennen die Anzahl: zehn.
3. Fragen Sie, was *pub lunch* bedeuten könnte. Bitten Sie die Teilnehmer, alle Gerichte zu notieren, die sie hören und sehen können. Spielen Sie dazu das Video ohne Untertitel einmal komplett ab. Sammeln Sie die Gerichte an der Tafel und klären Sie eventuell unbekannte Wörter.

Lösung

chips; cheese omelettes; fish and chips; (traditional Sunday) roast

4. Fragen Sie die Teilnehmer, was die Leute im Video mögen: *What do they like?* Spielen Sie das Video mit englischen Untertiteln bis 01:47 ab. Sammeln Sie die Lösungen an der Tafel.

Lösung

old woman: likes this place (pub), likes wine, doesn't like beer; children: like it here (pub), like chips

5. Schreiben Sie an die Tafel: *Georgina has an omelette. She doesn't have the roast or fish and chips. Why?* Fahren Sie mit dem Video bis 02:07 fort.

Lösung

She doesn't eat meat or fish. She is a vegetarian.

6. Bilden Sie fünf Gruppen. Teilen Sie die vorbereiteten Kärtchen aus – einen Dialog pro Gruppe. Die Teilnehmer bringen den Dialog in die richtige Reihenfolge und üben die korrekte Betonung.
7. Spielen Sie das Video erneut ab und stoppen Sie vor jedem Dialog. Lassen Sie den Dialog von zwei Personen vorlesen und das Video weiterlaufen. Verfahren Sie so, bis alle Dialoge vorgelesen wurden.

Hinweis

– Ihre Teilnehmer können sich zu Hause das Video nochmals ansehen, die Aufgaben im Buch auf Seite 135 dazu lösen und mit dem Lösungsschlüssel auf Seite 166 selbst kontrollieren.

UNIT 13 — HOW MUCH IS IT?

How much is it?

Lernziele
- Sagen und fragen, wie viel etwas kostet
- Über Einkäufe sprechen
- Vorschläge machen

Grammatik
- Einfache Gegenwart mit *he/she/it*
- Verneinung mit *doesn't*

Materialien
- Aufgabe 01: Tafel Schokolade mitbringen; zwei DIN A6 oder DIN A5 Preisschilder vorbereiten.
  Befestigungsmaterial, z. B. Tesafilm
- Ideenpool: KV 13.1, eine Kopie pro Teilnehmer
  KV 13.2, eine Kopie pro Paar

Starter

1. Fragen Sie Ihre Teilnehmer nach den Farbwörtern auf Englisch, an die sie sich erinnern können. Alternativ dazu können Sie kleine Gegenstände, wie Handy, Stifte in verschiedenen Farben, CD, Geldbeutel, Tasche, Ihre Kleidung usw. benutzen, darauf deuten und die Farbe nennen lassen, z. B. *It's black*.
2. Geben Sie Ihren Teilnehmern 15 Sekunden Zeit, um die Farben auf dem Bild im Buch zu zählen. Ihre Teilnehmer nennen Ihnen die Anzahl der Farben, die sie erkennen und benennen können. Der Teilnehmer mit der höchsten Zahl nennt alle Farben, die anderen Teilnehmer ergänzen nicht genannte, aber auf dem Bild zu findende Farben. Sollten mehrere Teilnehmer die höchste Zahl nennen, dürfen sie die Farben gemeinsam aufzählen.

Lösung

red; blue; green; yellow; black; orange; purple; pink; grey; brown; white

01 Listen and repeat

69

1. Malen Sie die Zeichen der drei Währungen *dollars, pounds, euros* an die Tafel und sprechen Sie die Begriffe deutlich vor.
2. Erklären Sie die Situation. Ihre Teilnehmer hören das Gespräch und können auch nachsprechen. Spielen Sie hierzu die CD ab.

| UNIT 13 | HOW MUCH IS IT? |

| | 3. Befestigen Sie einen Zettel mit einer Preisangabe in Pfund an Ihrem Buch und einen zweiten an einer Tafel Schokolade (die Sie danach gerne mit Ihren Teilnehmern essen können). Geben Sie das Buch einem Teilnehmer und die Schokolade einem anderen.
4. Schreiben Sie an die Tafel *How much is …? It says … here.*
5. Fragen Sie die Teilnehmer *How much is the book?* Die Teilnehmer nennen Ihnen den Preis. Helfen Sie, indem Sie auf *It says … here.* deuten. Fragen Sie nach der Schokolade *How much is the chocolate?* und warten Sie kurz auf Antwort.
6. Wiederholen Sie den Preis für die Schokolade, schreiben Sie *What's that in euros?* und wenden Sie sich Ihren Teilnehmern zu.
7. Vielleicht hören Sie *I don't know.* von Ihren Teilnehmern. Wenn nicht, zucken Sie mit den Schultern und sagen Sie selbst *I don't know.*
8. Abschließend können Ihre Teilnehmer den kleinen Dialog mit verteilten Rollen nochmals lesen.

Hinweise

– Natürlich kann es sein, dass jemand aus Ihrer Klasse den Betrag umrechnen kann. Schreiben Sie dann den Euro-Preis an die Tafel.
– Hilfreich kann es sein, sich vor dem Unterricht über den Wechselkurs zu informieren.

02 Now you

▶ Teaching tip Paarbildung

1. Verweisen Sie auf die Aufgabe im Buch, zeigen Sie erneut auf das Preisschild auf Ihrem Buch und ergänzen Sie A *How much is the book?*, lassen Sie Ihre Teilnehmer B ergänzen bzw. ergänzen Sie selbst den Satz mit dem Preis auf Ihrem Buch.
2. Die Teilnehmer fragen und antworten anhand des Beispiels und versuchen so, den Dialog mit den Angaben zu Produkt und Preis zu ergänzen.
3. Gehen Sie umher und helfen Sie.
4. Lassen Sie zwei Teilnehmer einen der entstandenen Dialoge am Ende der Aufgabe vorlesen.

03 Dialogue

70

1. Ihre Teilnehmer hören einen Dialog. Lesen Sie die Situationsbeschreibung laut vor und schreiben Sie *a cashmere pullover* an die Tafel und darunter *For Denzel? For Harry? For Rosa?* Ihre Teilnehmer sollen herausfinden, für wen der Pullover ist. Die Teilnehmer können den Text auch mitlesen.
2. Fragen Sie nach dem Hören: *So, the cashmere pullover is for…?* Die Teilnehmer nennen Ihnen die Lösung. Ziehen Sie an der Tafel einen Pfeil von dem Pullover zu Rosa.
3. Spielen Sie die CD nochmals ab, damit die Teilnehmer die Lösung überprüfen können.

Lösung

Rosa

Hinweis

– Machen Sie Ihre Teilnehmer auf den Unterschied *football* British English – *soccer* American English aufmerksam.

UNIT 13

Erweiterung ab 3.

3. Schreiben Sie untereinander an die Tafel *Harry is a boy. He doesn't like ... He likes ... He lives ... He plays ... He doesn't want ...*
4. Die Teilnehmer hören den Dialog ein weiteres Mal und versuchen anschließend, die Sätze an der Tafel zu ergänzen. Korrigieren Sie, wenn nötig.

04 Quick check

1. Malen Sie ein Geschenkpaket an die Tafel.
2. Nehmen Sie den ersten Satz der Aufgabe und sagen Sie *Rosa thinks* (Kopfnicken) *or doesn't think* (Kopfschütteln) *the T-shirt is a good present.* und deuten Sie dabei auf das Geschenk an der Tafel.
3. Zusammen mit ihrem Sitznachbarn lösen die Teilnehmer die Aufgabe, indem sie die richtigen Wörter einkreisen.
4. Ihre Teilnehmer lesen die Sätze vor.

Lösung

1 doesn't think; 2 doesn't sell; 3 doesn't live; 4 plays; 5 costs; 6 likes

05 LANGUAGE

1. Schreiben Sie zur Wiederholung an die Tafel *I like / don't (= do not) like chocolate.* Fragen Sie *Do you like chocolate?*
2. Ihre Teilnehmer antworten mit *I like* oder *I don't like chocolate*. Unterstützen Sie die Antworten, indem Sie auf den Satz an der Tafel zeigen. Versuchen Sie, sich ein paar Antworten zu merken.
3. Schreiben Sie an die Tafel: *(Helmut) likes chocolate but (Irina) doesn't (= does not) like chocolate.*
4. Schreiben Sie die Unterschiede an der Tafel mit.
5. Unterstreichen Sie das *-e* bei *like* und *-o* bei *do* sowie das *-es* bei *likes* und das *-oes* bei *does*, um die Unterschiede deutlich zu machen, auch in der Schreibweise. Erklären Sie, dass bei der dritten Person Singular ein *-s* an das Verb bzw. ein *-es* an das Hilfsverb *do* angehängt werden muss und unterstreichen Sie das *-s* bei den Wörtern nochmals dick oder in einer anderen Farbe.
5. Lesen Sie mit Ihren Teilnehmern die *Language Box*.
6. Bitten Sie Ihre Teilnehmer, Ihnen weitere Beispielsätze zu nennen *(Kerstin likes chocolate. / Georg doesn't like it).*

Hinweise

– Hilfreich ist an dieser Stelle die bekannte Eselsbrücke: *He, she, it*, das ‚s' muss mit.
– Machen Sie auf die besondere Schreibweise bei *does* aufmerksam.

06 Practice

1. Lesen Sie das Beispiel vor. Ihre Teilnehmer versuchen zunächst allein, die richtige Form der Verben in Klammer einzusetzen.
2. Zusammen mit dem Sitznachbarn vergleichen die Teilnehmer ihre Lösungen.
3. Lassen Sie reihum die entstandenen Sätze vorlesen. Die Klasse verbessert gegebenenfalls falsche Sätze. Helfen Sie, wenn nötig.

Lösung

2 lives, doesn't live; 3 likes, doesn't like; 4 plays, doesn't play; 5 wants, doesn't want; 6 looks, doesn't look; 7 sells, doesn't sell

How much is it?

UNIT 13	HOW MUCH IS IT?

07 Pronunciation

71

1. Lesen Sie die Erklärung im Buch zur Aussprache des angehängten -s vor.
2. Ihre Teilnehmer hören die Wörter und sprechen diese nach. Spielen Sie dazu die CD ab.
3. Bitten Sie Ihre Teilnehmer abwechselnd an die Tafel, um ein Wort aus der Aufgabe groß an die Tafel zu schreiben und laut vorzusprechen. Korrigieren Sie die Aussprache, wenn nötig.
4. Abschließend können Sie ohne feste Reihenfolge auf die Wörter an der Tafel deuten und diese die Klasse nochmals vorsprechen lassen.

Hinweis

– Die Teilnehmer sollten beim an die Tafel schreiben ihr Buch am Platz lassen, um sich die Rechtschreibung besser einprägen zu können.

Erweiterung

5. Teilen Sie die Verben an der Tafel unter den Teilnehmern auf.
6. Geben Sie für das Verb *plays* ein Beispiel: *Harry plays soccer*. Nicken Sie und setzen Sie dahinter ein Häkchen. Schreiben Sie weiter *He plays tennis*. Schütteln Sie den Kopf, streichen Sie *plays* durch und schreiben Sie darunter *doesn't play*.
7. Die Teilnehmer bilden mit ‚ihren' Verben einen Satz mit dem Namen eines Klassenkollegen.
8. Die Teilnehmer lesen einen ihrer Sätze vor. Der darin genannte Teilnehmer nickt, wenn die Aussage stimmt bzw. schüttelt den Kopf, wenn nicht. In diesem Fall verändert der Vorleser den Satz entsprechend.

Hinweise

– Achten Sie weiterhin gut auf die richtige Aussprache des stimmhaften bzw. stimmlosen -s.
– Manchmal brauchen die Teilnehmer eine kleine Artikulationshilfe: Legen Sie Daumen und Zeigefinger rechts und links an den Kehlkopf. Bei *Eis* und *likes* fühlt man nichts, bei *Sahne* und *plays* spürt man eine leichte Vibration.
– Bei 7. ist es nicht wichtig, ob der Satz der Wahrheit entspricht, die Teilnehmer sollen hier erst einmal schreiben, was sie vermuten.
– Natürlich können die Teilnehmer auch durch einen Satz zustimmen bzw. nicht bestätigen, z. B. *Yes, I play tennis. / No, I don't play tennis.*, was die Aufgabe anspruchsvoller macht.

08 Practice

1. Zeigen Sie auf Bild 1 im Buch und lassen Sie den Beispielsatz dazu vorlesen.
2. Ihre Teilnehmer machen zu jedem Bild eine Aussage, wie im Beispiel.
3. Die Teilnehmer lesen ihre Sätze vor. Korrigieren Sie, wenn nötig.

Lösung

2 She doesn't live in Paris, she lives in London.
3 He doesn't drink tea for breakfast, he drinks milk.
4 She doesn't eat a lot of fruit, she eats chocolate.
5 He doesn't like gardening, he likes cooking.

Hinweis zu 2.

– Sie können einige Teilnehmer die Sätze auch an die Tafel schreiben und von der Klasse korrigieren lassen, sofern Fehler zu finden sind.

UNIT 13

09 Words

72

1. Ihre Teilnehmer sehen sich die abgebildeten Scheine und Münzen der beiden Währungen kurz an.
2. Spielen Sie die CD ab. Ihre Teilnehmer hören die Bezeichnungen der einzelnen Banknoten und Münzen. Die Teilnehmer können hier nachsprechen.
3. Jeder Teilnehmer schreibt groß auf DIN A5 oder DIN A4 Blatt einen Geldbetrag, z. B. *$10*.
4. Ein Teilnehmer hält sein Blatt für alle sichtbar hoch. Der Teilnehmer, der zuerst den richtigen Betrag nennen kann *(ten dollars)*, hält sein Blatt hoch, und so weiter.

Hinweise

– Wenn Sie selbst Dollar/Pfund Scheine oder Münzen besitzen, können Sie diese mitbringen und den Teilnehmern zeigen und beim Spiel mit hochhalten.
– Hier können Sie auch auf einen weiteren Unterschied im BE und AE hinweisen: BE *note* = Geldschein; AE *bill* = Geldschein.
– Weisen Sie darauf hin, dass man im Englischen *10 dollars* und im Deutschen 10 Dollar sagt.

10 Listening

73

A: How much is…?
B: It's 10 dollars.
That's OK. (= yes)
That's too much. (= no)

1. Schreiben Sie an die Tafel A: *How much is… ?* B: *It's 10 dollars.* Und untereinander *That's OK. (= yes)* und *That's too much. (= no)*
2. Ihre Teilnehmer hören die vier Mini-Dialoge. Bitten Sie Ihre Teilnehmer herauszufinden, ob der Kunde den Artikel kauft oder nicht. Spielen Sie die CD ab.
3. Fragen Sie, bei welchem Dialog der Kunde kauft bzw. nicht kaufen möchte und schreiben Sie die Nummer entsprechend neben *That's ok. (= yes)* oder *That's too much. (= no)*.

Lösung

No: 1, 2, 4; Yes: 3

4. Lassen Sie Nummer 1–4 der Aufgabe im Buch vorlesen.
5. Ihre Teilnehmer hören die Dialoge ein zweites Mal und kreuzen den Preis an, den sie hören.
6. Beginnen Sie den Satz für Nummer 1: *The flight is …* und lassen Sie einen Teilnehmer den Satz richtig ergänzen. Die Teilnehmer nennen Ihnen so auch die Preise für die anderen Artikel.
7. Sie können die CD ein weiteres Mal abspielen, damit die Teilnehmer nochmals vergleichen können.

Lösung

1 $400; 2 £30.99; 3 £16; 4 $250

Transcript
R = Rosa
W = Woman
M = Man
G = Girl

1   R   How much is the flight?
    W   It's only four hundred dollars.
    R   Only … what?!
    W   Only four hundred dollars, ma'am.
    R   I'm very sorry, I don't want that. That's too much.

99   How much is it?

UNIT 13   HOW MUCH IS IT?

2 R Excuse me, how much is the computer game?
   M Thirty pounds ninety-nine.
   R How much?!
   M It costs thirty ninety-nine. It's a great game for a little boy.
   R Of course, but that's too much.

3 R How much is a taxi?
   G Sixteen pounds.
   R Sorry, how much?
   G Sixteen pounds.
   R That's OK.

4 R How much is the cashmere sweater?
   M Hey, that looks perfect on you!
   R Really? How much is it?
   M Two hundred fifty dollars.
   R How much?!
   M It's real cashmere.
   R I'm sure it is, but that's too much …

11 Round up

▶ Teaching tip Gruppenbildung

1. Schreiben Sie die Anfangsbuchstaben der Bilder im Buch an die Tafel und bitten Sie die Teilnehmer, die Wörter zu ergänzen, z. B. *b_ _ (bus)*
2. Lesen Sie die Situation im Buch vor.
3. Immer paarweise bilden die Teilnehmer einen Dialog. Die Angaben im Buch dienen als Übungsbeispiele.
4. Lassen Sie jedes Paar einen Mini-Dialog vorspielen.

Hinweise

– Gehen Sie umher und helfen Sie, wo nötig.
– Stellen Sie auch sicher, dass sich Ihre Teilnehmer abwechselnd in die Rolle des Kunden und die des Verkäufers versetzen. Achten Sie hier auch auf die Intonation bei den Nachfragen *How much?!* und Ausrufen *That's too much!* usw.

Ideenpool

▶ Aufgabe 08
13.1

1. Teilen Sie Kopiervorlage 13.1 aus – pro Teilnehmer eine Kopie.
2. Die Teilnehmer lesen sich die Verben durch und bilden Sätze, die auf sie zutreffen. Die Sätze schreiben Sie neben dem entsprechenden Verb in die Spalte *you*. Schreiben Sie hierfür Beispiele an die Tafel *like – I like meat.* und darunter *dance – I don't dance.*
Geben Sie Ihren Teilnehmern etwas Zeit, die Sätze zu bilden.
3. Im zweiten Schritt sollen die Teilnehmer nun erfragen, ob andere Teilnehmer die gleichen Interessen haben oder nicht. Schreiben Sie neben dem Beispielsatz mit *like* an die Tafel *Do you like meat?* Stellen Sie die Frage zwei verschiedenen Teilnehmern und schreiben Sie die Antworten an die Tafel *Yes, I like meat: (Helmut) No, I don't like meat: (Brigitte)*.

UNIT 13

4. Die Teilnehmer laufen umher und versuchen, mit möglichst vielen verschiedenen Klassenkollegen zu sprechen und die Spalten auszufüllen.
5. Zurück am Platz berichten die Teilnehmer der Klasse. Geben Sie vorher wieder ein Beispiel anhand der Sätze an der Tafel. Deuten Sie auf die Stellen an der Tafel und sagen Sie *I like meat and (Helmut) likes meat too. But (Brigitte) doesn't like meat.* Die Teilnehmer nennen der Reihe nach einen Satz aus der eigenen Tabelle.

Hinweise
– Stellen Sie sicher, dass die Teilnehmer sich bei möglichst jeder Frage neue Gesprächspartner suchen.
– Bei ungerader Teilnehmerzahl machen Sie die Aufgabe mit.
– Das Spiel kann in mehreren Runden gespielt werden, so dass die Teilnehmer über mehr berichten können.

» Aufgabe 11
▶ Teaching tip Paarbildung
13.2

1. Halten Sie einen Gegenstand in die Höhe, z. B. Ihre Tasche. Fragen Sie Ihre Teilnehmer nach Adjektiven, die sie verwenden würden, um die Tasche zu beschreiben. Geben Sie ruhig ein Beispiel, wenn Ihre Teilnehmer nicht gleich wissen, was ein Adjektiv ist: *It's nice.* Unterstreichen Sie das Adjektiv.
2. Fragen Sie Ihre Teilnehmer, an welche weiteren Adjektive sie sich erinnern können, und lassen Sie diese an die Tafel schreiben.
3. Teilen Sie die Kopiervorlage 13.2 aus. Pro Paar eine Kopie.
4. Die Teilnehmer ordnen zusammen mit ihrem Partner die Begriffe und die Adjektive den Bildern zu und bilden Sätze. Geben Sie hierzu ein Beispiel. Deuten Sie z. B. auf Bild 1 und sagen Sie *It's an old sweater.*
5. Immer paarweise lesen die Teilnehmer ihre Sätze vor. Alternativ dazu können die Teilnehmer die Sätze auch an die Tafel schreiben.

Erweiterung
6. Die Teilnehmer teilen die Bilder unter sich auf und notieren sich zu jedem Bild einen Preis.
7. Die Teilnehmer fragen sich gegenseitig nach dem Preis des Artikels und reagieren positiv, z. B. *That's OK.* oder negativ, z. B. *Oh, that's too much.*

Hinweis
– Sie können als kleine Auffrischung auch die CD (Aufgabe 10) erneut abspielen.

Hausaufgaben

Extra Practice Reminder:

☐ p._____   No. _____ _____ _____
☐ p._____   No. _____ _____ _____
☐ p._____   No. _____ _____ _____
☐ _____
☐ _____

How much is it?

UNIT 14

14 Where does she live?

Lernziele	• Über die Familie sprechen
Grammatik	• Fragen mit *does?*
Materialien	• Starter: Blatt mit Fragen erstellen, eine Kopie pro Person • Aufgabe 02: KV 14.1, eine in A und B zerschnittene Kopie pro Paar • Aufgabe 09: Klebezettel, z. B. Post-its • Ideenpool: KV 14.2, eine Kopie pro Person Eieruhr oder Stoppuhr

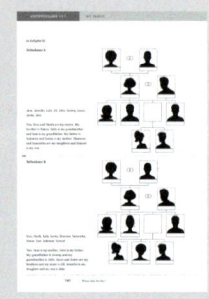

Starter

1. Die Teilnehmer schauen sich das Bild eine halbe Minute lang genau an und schließen dann ihre Bücher.
2. Sagen Sie laut und deutlich *There are eight people. Is that right?* Schreiben Sie die Lösung(en), z. B. *No, there are eleven people. / Yes, there are eight people.* an die Tafel.
3. Machen Sie nacheinander mit folgenden Sätzen weiter: *There are two girls. Two have pink shirts. Four have blue shirts. Four have white shirts.* Schreiben Sie die Antworten immer an die Tafel.
4. Die Teilnehmer öffnen die Bücher, überprüfen die Sätze an der Tafel mit dem Bild und verbessern, wo nötig.

Lösung

There are ten people.; There are two girls.; Two have pink shirts.; Four have blue shirts.; Two have white shirts.

01 Words

74

1. Malen Sie an die Tafel zwei Strichmännchen – einen Mann und eine Frau. Schreiben Sie unter das entsprechende Männchen *man* bzw. *woman*.
2. Malen Sie ineinandergreifende Ringe zwischen die beiden Strichmännchen und schreiben Sie *husband wife* unter *man* und *woman* an die Tafel. Sprechen Sie die Wörter jeweils laut vor.
3. Ihre Teilnehmer versuchen, die Tabelle der Aufgabe zu ergänzen.

UNIT 14

[Tafelbild: man/husband ⚭ woman/wife]

4. Die Teilnehmer hören die Wörter, die zusammen gehören, und können ihre Lösungen entsprechend ergänzen. Spielen Sie hierzu die CD ab.
5. Spielen Sie die Wörter ein weiteres Mal vor und bitten Sie die Teilnehmer nachzusprechen.
6. Abschließend können Sie Ihre Teilnehmer die Tabelle nochmals vorlesen lassen und Wörter, die noch nicht verstanden wurden, erklären.

Lösung

man; partner; father; grandmother; son; granddaughter; brother

Hinweise

- Wenn Ihre Teilnehmer noch nicht alle Begriffe richtig zuordnen können, ist das in Ordnung, da die Wörter hier erst eingeführt werden.
- Wenn Sie viele Wiedereinsteiger in Ihrem Kurs haben, können Sie diese Übung auch in Partnerarbeit machen lassen und jeweils einen Anfänger und einen Teilnehmer mit Vorkenntnissen zusammen setzen.
- Lassen Sie das Tafelbild noch für Aufgabe 03 (Erweiterung) stehen.

02 Now you

▶ Teaching tip Gruppen-/ Paarbildung

1. Bitten Sie zwei Teilnehmer, A und B der Aufgabe vorzulesen.
2. Schreiben Sie den Namen eines Familienmitglieds an die Tafel und beginnen Sie folgenden Satz *(Thomas) is my* ... Ihre Teilnehmer versuchen, durch Fragen wie im Beispiel im Buch herauszufinden, wer Ihre Person an der Tafel ist: *Is (Thomas) your (son)?*
3. Jeder notiert auf einem Stück Papier die Namen dreier Familienmitglieder. Durch gegenseitiges Fragen und Antworten versuchen die Teilnehmer herauszufinden, welche Familienmitglieder der Partner ausgewählt hat.

Hinweise

- Das Spiel kann auch in Dreier- oder Vierergruppen gespielt werden.
- Die Familienmitglieder müssen nicht wirklich existieren, sondern können auch erfunden werden.
- Für den Fall, dass Sie weitere englische Begriffe für Familienmitglieder genannt bekommen, schreiben Sie diese möglichst mit der deutschen Übersetzung an die Tafel. z. B. *aunt* (Tante), *uncle* (Onkel), *step-father/mother/sister/brother* (Stiefvater/-mutter/-schwester/-bruder)

Variante

14.1

1. Bilden Sie Zweiergruppen.
2. Schneiden Sie die Kopiervorlage 14.1 in zwei Teile A und B und geben Sie jedem Paar einen A und einen B Teil.
3. Teilnehmer A liest seinen Text Teilnehmer B langsam vor. Teilnehmer B versucht, mit den gehörten Angaben die Namen auf seinem Blatt im *family tree* einzuordnen. Der Text sollte nur einmal vorgelesen werden! Fehlende Informationen sollen erfragt werden! *Is Julie your daughter?* usw.
4. Dann liest Teilnehmer B den Text vor und Teilnehmer A versucht, den *family tree* zu ergänzen.
5. Die Teilnehmer überprüfen ihre Lösung, indem sie den Text nochmals durchlesen.

Hinweis

- Gehen Sie umher und achten Sie auch auf die richtige Aussprache des -s.

Where does she live?

UNIT 14 — WHERE DOES SHE LIVE?

03 Dialogue

75

1. Bitten Sie die Teilnehmer an die Tafel, um alle Berufe anzuschreiben, die sie im Buch bisher kennengelernt haben.

Lösung

waitress; barman; teacher; shop assistant; waiter

2. Erklären Sie Ihren Teilnehmern, dass Sie nun einen Dialog mit einigen neuen Berufsbezeichnungen hören werden und diesen auch mitlesen können. Machen Sie deutlich, dass Ihre Teilnehmer zunächst herausfinden sollen, welchen Beruf Harry hat.
3. Schreiben Sie nach dem Hören den Satzanfang der Antwort an die Tafel *Harry is* ... Schreiben Sie alle Berufe, die Ihnen genannt werden, an die Tafel, und wiederholen Sie am Ende nochmals die Aussprache.

Lösung

Harry is a little boy, he doesn't have a job.
bzw. *Harry 'is' a soccer player, a policeman, a pilot and an astronaut.*

Erweiterung

4. Zeigen Sie auf das Tafelbild aus Aufgabe 01. Geben Sie den Strichmännchen Namen. Deuten Sie auf das Ringesymbol und schreiben Sie *(Tom) und (Lisa) are married*.
5. Schreiben Sie *Who (Wer) is married?* und darunter die Namen aus dem Dialog *Nicole – Sam – Jessica – Harry*. Ihre Teilnehmer hören den Dialog ein weiteres Mal, schließen aber ihre Bücher.
6. Richten Sie nach dem Hören die Frage an der Tafel *Who is married?* an Ihre Teilnehmer. Die Teilnehmer nennen Ihnen die Lösung *Sam and Jessica are married*.
7. Die Teilnehmer lesen den Dialog mit verteilten Rollen, um die richtige Aussprache zu üben und die Lösung nochmals überprüfen zu können.

Hinweis

– Lassen Sie die Strichmännchen (Tom und Lisa) noch für Aufgabe 05 an der Tafel stehen.

04 Quick check

1. Ihre Teilnehmer lesen die Sätze der Aufgabe und entscheiden zunächst jeder für sich, ob die Sätze richtig oder falsch sind, und nennen Ihnen die Lösung.
2. Zusammen mit dem Sitznachbarn korrigieren die Teilnehmer anschließend alle falschen Sätze.
3. Bitten Sie ein oder zwei Teilnehmer an die Tafel, um die richtig gestellten Sätze anzuschreiben.
4. Lassen Sie Fehler gegebenenfalls von der Klasse korrigieren.

UNIT 14

Lösung	1 F Nicole isn't a pilot. Nicole is a flight attendant. 2 T 3 F Nicole isn't married. Nicole has a partner. 4 F Sam isn't a kindergarten teacher. Sam is a cook. Jessica is a kindergarten teacher. 5 F Harry doesn't live in Australia. Harry lives in America / the USA / Florida.
Hinweis	– Die Teilnehmer können sich zum leichteren Lösen der Aufgabe den Dialog der Aufgabe 03 nochmals durchlesen.
Background	In den USA bezeichnet *kindergarten* nicht Kindergarten, sondern die 1. Klasse der Grundschule.

05 LANGUAGE

1. Schreiben Sie zu jedem Strichmännchen an der Tafel einen Wohnort und eine Arbeitsstelle (Firmenname).
2. Deuten Sie auf sich selbst und schreiben Sie *I live in (Jena). I work for (the VHS)*. Zeigen Sie auf das Strichmännchen (Tom) und schreiben Sie *He lives in (Berlin). He works for (Siemens)*. Unterstreichen Sie jeweils das *-s* bei den Verben. Ihre Teilnehmer können Daten für (Lisa) ergänzen.
3. Lesen Sie mit Ihren Teilnehmern die *Language Box*.
4. Deuten Sie auf (Tom) und schreiben Sie *Does he live in (Dresden)?* Helfen Sie gegebenenfalls bei der Antwort *No, he lives in (Berlin)*.
5. Bitten Sie Ihre Teilnehmer, eine Frage für (Lisa) zu finden.

Hinweis
– Wenn Sie die Erweiterung bei Aufgabe 03 nicht gemacht haben, geben Sie den Strichmännchen an dieser Stelle zunächst einen Namen (Tom und Lisa).
– Zur Erinnerung ist auch hier die Eselsbrücke *He, she, it, das ‚s' muss mit.* hilfreich.
– Machen Sie nochmals auf die besondere Schreibweise bei *does* aufmerksam.
– Löschen Sie nur die Sätze von der Tafel – die Strichmännchen mit den ergänzenden Angaben werden noch in Aufgabe 07 benötigt.

06 Practice

1. Ihre Teilnehmer versuchen, zunächst jeder für sich, die Fragen der Aufgabe anhand des Beispiels zu ergänzen.
2. Zusammen mit ihrem Partner vergleichen sie die Lösungen.
3. Die Teilnehmer lesen die entstandenen Fragen vor. Wenn diese richtig sind, lesen Sie die dazugehörige Antwort. Wenn nicht, wenden Sie sich an den nächsten Teilnehmer, und so weiter.

Lösung
2 Does he live; 3 Does she eat; 4 Does he watch; 5 Does she like

Where does she live?

| UNIT 14 | WHERE DOES SHE LIVE? |

07 LANGUAGE

1. Zeigen Sie wieder auf das Strichmännchen (Tom) und schreiben Sie *Does (Tom) work?* an die Tafel. Die Teilnehmer beantworten die Frage *Yes, (Tom) works (for Siemens)*.
2. Setzen Sie das Fragewort *Where* an den Anfang der Frage. Stellen Sie den Teilnehmern die Frage an der Tafel *Where does (Tom) work?* und warten Sie kurz auf die Antwort *He works in Berlin*.
3. Lassen Sie einen Ihrer Teilnehmer die *Language Box* vorlesen.

Hinweis
– Oft werden die Begriffe *where* und *who* verwechselt. Schreiben Sie an die Tafel *Who = Wer and Where = Wo!*

08 Practice

1. Schreiben Sie an die Tafel: *daughter/what/like/your*. Bitten Sie die Teilnehmer, Ihnen die Frage zu nennen. Wenn Ihre Teilnehmer das *does* vergessen haben, schreiben Sie zur Erinnerung in Großbuchstaben *DOES* an die Tafel. Die Teilnehmer bilden die Frage erneut. Schreiben Sie die richtige Frage an die Tafel: *What does your daughter like?*
2. Ihre Teilnehmer bilden aus den Angaben Fragen, wie im Beispiel der Aufgabe und an der Tafel.
3. Die Teilnehmer stellen Ihnen die entstandenen Fragen. Beantworten Sie nur richtig gestellte Fragen, helfen Sie aber bei der Korrektur.

Lösung

2 What does your partner watch on TV?
3 Where does your friend Alice live?
4 What does your daughter do in her free time?
5 What does your grandson like?
6 Where does your father go walking?

Hinweis
– Halten Sie die Antworten auf die Fragen einfach, z. B. *He works for (Company X). / I don't have a brother.*

09 Now you

▶ Teaching tip Paarbildung

1. Schreiben Sie nochmals den Namen eines Familienmitglieds an die Tafel.
2. Deuten Sie auf das Kästchen mit möglichen Fragen in der Aufgabe und bitten Sie Ihre Teilnehmer, Ihnen Fragen zu ‚Ihrem' Familienmitglied zu stellen. Wenn die jeweilige Frage richtig gebildet wurde, beantworten Sie diese. Wenn nicht, schreiben Sie die richtige Frage an die Tafel und geben Sie erst danach eine Antwort.
3. Ihre Teilnehmer schreiben wieder drei Familienmitglieder auf einen Zettel.
4. Immer paarweise stellen die Teilnehmer Fragen zu den Namen auf den Zetteln und beantworten diese auch. Gehen Sie umher und helfen Sie, wo nötig.

Variante ab 3.

3. Verteilen Sie Post-its. Die Teilnehmer schreiben auf jedes Post-it die Namen dreier Familienmitglieder.

4. Ihre Teilnehmer stehen auf und laufen umher, versuchen durch gegenseitiges Fragen und Antworten herauszufinden, welche Familienmitglieder auf den Zetteln der anderen stehen, wo sie leben und arbeiten, was sie mögen und in ihrer Freizeit tun, z. B. *Is (Ben) your husband? Where does he work? What does he like?* usw.
5. Im Anschluss nennen die Teilnehmer Details über ein Familienmitglied eines ihrer Kurskollegen, soweit sie sich noch erinnern können.

Hinweise
- Bei ungerade Teilnehmerzahl machen Sie die Aktivität mit.
- Stellen Sie sicher, dass sich die Teilnehmer mit möglichst vielen Kursteilnehmern austauschen.
- Es ist kein Problem, wenn sich Ihre Teilnehmer nicht mehr an (viele) Details erinnern können. Es reicht, wenn jeder über eine Sache ‚berichtet'. Es darf auch noch einmal nachgefragt werden.

10 Round up

▶ Teaching tip Gruppenbildung

▶ Teaching tip Belohnung

1. Ihre Teilnehmer lesen sich zunächst die Aufgabenstellung vollständig durch.
2. Geben Sie zur Verdeutlichung Beispiele, indem Sie die ersten drei Fragen in den Sprechblasen beantworten, und schreiben Sie die Antworten auch an die Tafel, z. B. *Do you work for an airline? No, I don't work for an airline.* Streichen Sie das Wort *No* dick durch und verfahren Sie so auch mit den beiden nächsten Fragen. Machen Sie den Teilnehmern deutlich, dass sie weder mit *Yes* noch mit *No* antworten dürfen!
3. Bilden Sie zwei Teams. Jedes Team nennt Ihnen einen Team-Namen. Schreiben Sie beide Team-Namen an die Tafel, um darunter die Punkte notieren zu können.
4. Die Mannschaften bilden je vier Fragen mit *do* und vier Fragen mit *does*. Gehen Sie umher und korrigieren Sie, wo nötig.
5. Immer abwechselnd stellen sich die Mannschaften die notierten Fragen und versuchen, Fragen des anderen Teams ohne *Yes* und *No* zu beantworten, und eventuell noch einen weiteren Satz dazu zu sagen.
6. Sie selbst sind die Jury und notieren die Punkte an der Tafel. Für jede Antwort ohne *Yes/No* gibt es einen Punkt und für jeden weiteren richtigen Satz einen Punkt dazu.
7. Das Siegerteam bekommt kräftigen Applaus oder eine kleine Belohnung.

UNIT 14   **WHERE DOES SHE LIVE?**

Ideenpool

» Aufgabe 03

14.2

1. Teilen Sie die Kopiervorlage 14.2 aus, eine Kopie pro Person.
2. Deuten Sie auf Bild 1 und erklären Sie Ihren Teilnehmern, dass hier Bilder zu sehen sind, die aus dem Blickwinkel der Person sind, deren Beruf gesucht wird.
3. Fragen Sie *What is his/her job?* Schreiben Sie den möglichen Dialog an die Tafel:
   A: I think number one is a cook. B: Yes. / No. I think it's …
4. Die Teilnehmer ordnen die Bilder den Berufen zu.
5. Zusammen mit ihrem Sitznachbarn überprüfen die Teilnehmer ihre Lösungen und orientieren sich dabei an dem Dialog an der Tafel.

Lösung der Kopiervorlage

1 astronaut; 2 pilot; 3 flight attendant; 4 policeman; 5 cook; 6 barman; 7 shop assistant; 8 soccer player

Hinweise

– Gehen Sie umher und achten Sie darauf, dass die Teilnehmer versuchen, einen Dialog zu führen.
– Erinnern Sie daran, dass im Englischen Berufe immer mit *a/an* genannt werden, anders als im Deutschen.

» Aufgabe 05/07
▶ Teaching tip Gruppenbildung

1. Bilden Sie Zweiergruppen – Teilnehmer A und B. Ziel des Spiels ist es, möglichst viel über eine Person herauszufinden.
2. Die Teilnehmer nennen ihrem Partner eine Person, z. B. *My friend Franz*.
3. Setzen Sie ein Zeitlimit, z. B. eine Minute, und stoppen Sie die Zeit.
4. Teilnehmer A beginnt und stellt so viele Fragen wie möglich über die Person. Teilnehmer B antwortet.
5. Nach der gesetzten Zeit tauschen die Teilnehmer sofort die Rollen und Teilnehmer B befragt nun Teilnehmer A nach dessen Person.

Hinweis

– Für mehr Wettbewerbscharakter: Die Teilnehmer können sich notieren, wie viel Information sie über die Person des Partners bekommen haben. Für jede Information gibt es einen Punkt. Der Teilnehmer mit den meisten Punkten gewinnt.

Hausaufgaben

Extra Practice Reminder:

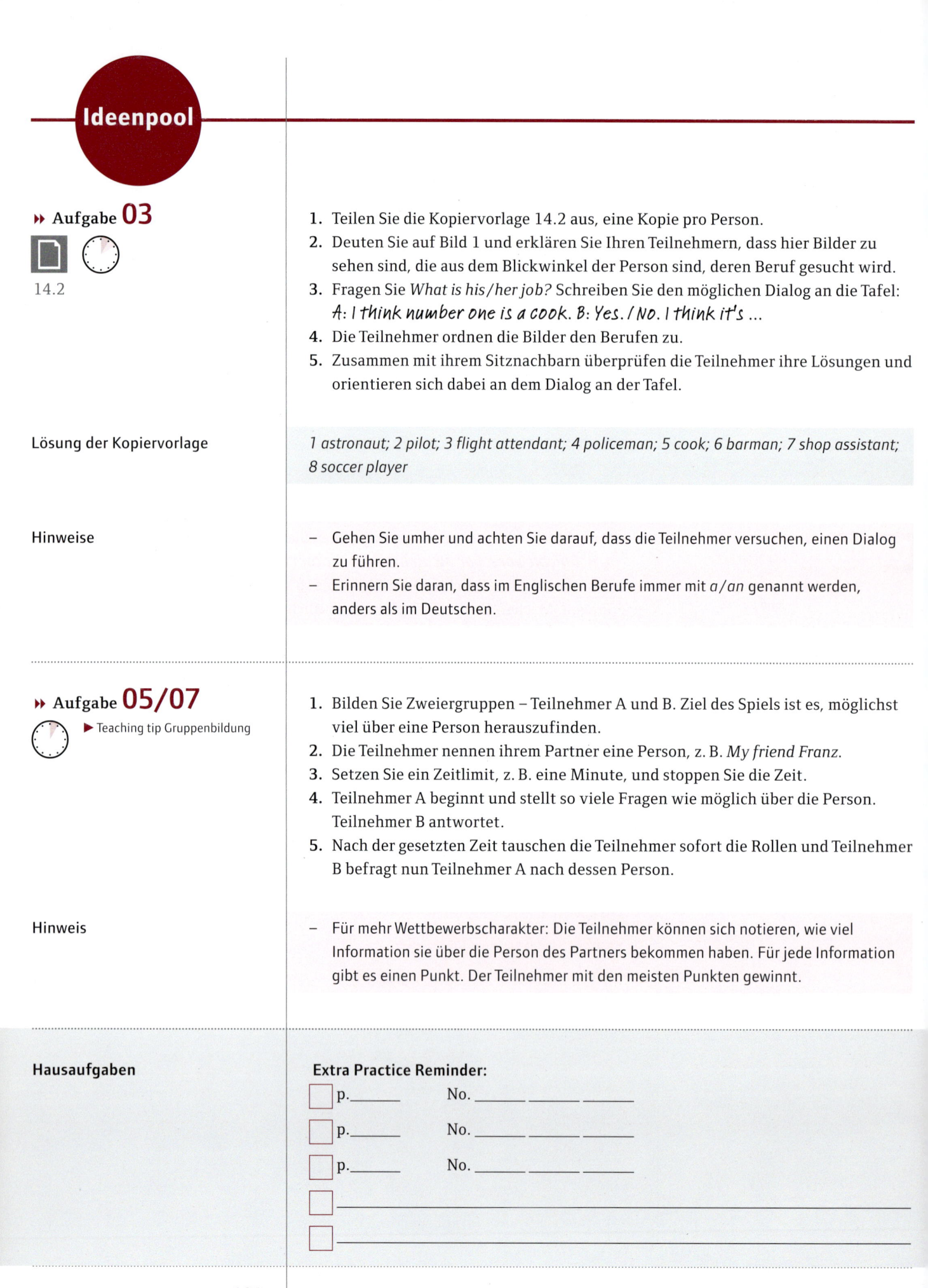

☐ p._____   No. _____ _____ _____
☐ p._____   No. _____ _____ _____
☐ p._____   No. _____ _____ _____
☐ _____
☐ _____

VIDEO SUGGESTIONS — FILM 8 – IN THE GIFT SHOP

Es gibt verschiedene Einsatzmöglichkeiten für Videos im Unterricht – für langsamere und schnellere Gruppen, für absolute Anfänger und auch für Wiedereinsteiger. Es gibt englische Untertitel für das vollständige Video und deutsche Untertitel für die *Voice-Over-Parts*. Alle Videos haben eine Länge von 3,5 bis 4,5 Minuten. Nachfolgend finden Sie eine Idee für den Einsatz im Unterricht.

1. Zeigen Sie das Video (Film 8) mit deutschen Untertiteln.
2. Schreiben Sie *What is the weather (Wetter) like?* an die Tafel. Die Teilnehmer nennen Ihnen, was sie hören/sehen konnten. Schreiben Sie die Begriffe an die Tafel.
3. Spielen Sie das Video noch einmal ab – dieses Mal mit englischen Untertiteln. Die Teilnehmer überprüfen ihre Lösungen an der Tafel mit dem Video.

Lösung

mögliche Antworten: *1 not very nice; cold; rainy; typical English summer weather*
2 lovely day now; warm sun; the sky is blue

4. Sammeln Sie an der Tafel Adjektive für das Wetter. Mögliche Adjektive aus den vorangegangenen Units: *good, great, nice, bad, hot, lovely* und Adjektive aus dem Video: *cold, rainy, warm, wet, windy*.
5. Small Talk: Zusammen mit ihrem Sitznachbarn unterhalten sich die Teilnehmer ein bisschen über das aktuelle Wetter. Zur Unterstützung können Sie an die Tafel schreiben: *What's the weather like? – It's a … day. – Yes, it's … – It's … weather! – Yes, but it's … Oh, no, it's …*
6. Teilen Sie die Klasse in drei Gruppen A, B und C. Schreiben Sie an die Tafel: *A) What can Mrs Sethi buy for her mother? And does she like it? B) What places (names) can you hear? C) How much is the gift/present for the mother? And what colour?* Spielen Sie das Video noch einmal ab – ohne Untertitel. Jede Gruppe versucht gemeinsam, ihre Frage zu beantworten.

Erweiterung

7. Die Teilnehmer stellen sich vor, sie spazieren nun in Leeds Castle umher, genießen den Anblick und unterhalten sich über die Anlage und auf Wunsch auch über das Wetter. Hierzu stehen die Teilnehmer auf und spazieren durchs Klassenzimmer. Die Teilnehmer können alle Adjektive von 5. noch einmal mit einbauen, z. B. *Nice castle! Yes, it is and the sun is warm. Lovely!*

Hinweis

– Ihre Teilnehmer können sich zu Hause das Video nochmals ansehen, die Aufgaben im Buch auf Seite 136 dazu lösen und mit dem Lösungsschlüssel auf Seite 166 selbst kontrollieren.

UNIT 15 — CONSOLIDATION

Consolidation

Consolidation Units bieten Ihnen die Möglichkeit, Wortschatz und Grammatik aus den vorangegangenen Units zu vertiefen, aufzufrischen und zu erweitern.

Lernziele
- Wiederholen und Vertiefen der Lernziele Unit 11–14
- Kurzantworten mit *do*, *don't*, *does* und *doesn't*

Materialien
- Aufgabe 09: KV 15.1, eine Kopie pro Teilnehmer
- Ideenpool: kleine Zettel mit Berufsbezeichnungen

Starter

1. Fragen Sie locker in die Runde *Who are Denzel and Rosa? Who are Sam and Jessica?*
2. Ihre Teilnehmer notieren kurz, was sie über die Personen bereits wissen, und berichten der Klasse.

Hinweis
– Sie können die Informationen über die Personen an der Tafel mitschreiben (lassen).

---

01 Denzel and Rosa's family

77

1. Ihre Teilnehmer lesen die Aufgabe. Dann hören sie den Text und lesen diesen mit. Machen Sie deutlich, dass die Teilnehmer zunächst nur herausfinden sollen, wie oft Denzel und Rosa ihren Sohn sehen. Spielen Sie die CD ab.
2. Schreiben Sie an die Tafel *When do Denzel and Rosa see their son?*, wiederholen Sie gegebenenfalls die Frage noch einmal auf Deutsch und schreiben Sie die Antwort(en) ebenfalls an die Tafel.
3. Lassen Sie den Text von Ihren Teilnehmern noch einmal laut vorlesen.
4. Überprüfen Sie gemeinsam die Antwort(en) an der Tafel.

Lösung
Rosa and Denzel don't see their son very often. / Not very often.

Hinweis
– Klären Sie noch unbekannte Wörter möglichst erst nach Aufgabe 02.

UNIT 15

02 Quick check

1. Verweisen Sie auf den Text der Aufgabe 01 und lesen Sie die Textstelle *Rosa is a secretary. She works in a bank* vor. Zeigen Sie im Buch auf Aufgabe 02 und lesen Sie dort das bereits gelöste Beispiel.
2. Die Teilnehmer finden allein oder zu zweit anhand des Textes die richtigen Sätze heraus und lesen diese reihum vor.
3. Lassen Sie eventuell falsche Sätze von anderen Kursteilnehmern verbessern und die entsprechenden Textstellen vorlesen.

Lösung

2 Jessica is a teacher.; 3 Denzel drives to his office.; 4 Sam is Denzel and Rosa's son.; 5 Denzel and Rosa live at 2473 Parkwood Street.

Erweiterung

4. Zusammen mit ihrem Sitznachbarn lesen die Teilnehmer den Text 01 noch einmal durch und bilden zu den Informationen im Text jeweils einen richtigen und einen falschen Satz, z. B. *Denzel works in a bank*.
5. Die Teilnehmer lesen Satz für Satz vor. Die anderen Teilnehmer bestätigen *Yes, he works in a bank.* oder verbessern *No, he works for a computer company.* die Sätze, je nach Angabe im Text.

03 Practice

1. Die Teilnehmer ergänzen, zunächst jeder für sich, die Sätze des Dialogs mit den Wörtern im Balken und besprechen sich anschließend mit ihrem Sitznachbarn.
2. Wählen Sie zwei Ihrer Teilnehmer aus, die den kleinen Dialog vorlesen.
3. Im Falle einer falschen Ergänzung bitten Sie die anderen Teilnehmer, den Teil des Dialogs zu verbessern.

Lösung

1 live; 2 don't see; 3 don't live

04 At a diner

1. Lesen Sie die Situation vor.
2. Geben Sie Ihren Teilnehmern Zeit, die Sätze mit *don't* oder *doesn't* zu ergänzen und mit ihrem Sitznachbarn zu vergleichen.
3. Die Teilnehmer lesen den Dialog mit verteilten Rollen vor. Die übrigen Teilnehmer heben bei eventuellen Fehlern die Hand und verbessern diese.

Lösung

2 don't like; 3 don't have; 4 doesn't like; 5 don't like; 6 don't drink

Hinweis

- Weisen Sie Ihre Teilnehmer auf den Unterschied zwischen *diner* und *dinner* hin – auch in der Aussprache.

Consolidation

| UNIT 15 | CONSOLIDATION |

05 Practice

1. Lesen Sie den ersten Satz vor: *Sam works in a hotel.* Fragen Sie *Is that right?* und warten Sie kurz auf die richtige Aussage. Nicken Sie und lesen Sie den Beispielsatz im Buch vor.
2. Die Teilnehmer bilden zusammen mit ihrem Sitznachbarn die Sätze wie im Beispiel.
3. Überprüfen Sie die Lösungen gemeinsam, indem Sie selbst die Sätze im Buch und Ihre Teilnehmer abwechselnd die Berichtigungen vorlesen.

Lösung

2 Rosa doesn't work in a shop. She works in a bank.
3 Denzel and Rosa don't live in Chicago. They live in Wichita.
4 Denzel doesn't take the bus to the office. He drives.
5 Sam and Jessica don't live in Miami. They live in Tampa.

Hinweis

– Erinnern Sie Ihre Teilnehmer an *He, she, it, das ‚s' muss mit*.

Erweiterung

4. Ihre Teilnehmer stellen eine wahre oder falsche Behauptung zu einem ihrer Kurskollegen in den Raum, z. B. *(Jochen) lives in (Lübeck).*
5. Wenn die anderen Teilnehmer vermuten oder wissen, dass die Aussage nicht richtig ist, widersprechen sie und korrigieren den Satz, wie im Beispiel der Aufgabe: *(Jochen) doesn't live in (Lübeck). He lives in (Travemünde).*
6. Abschließend bestätigt oder korrigiert der besagte Teilnehmer die Sätze und stellt seinerseits eine neue Behauptung über einen anderen Kurskollegen auf.
7. Das Spiel kann solange gespielt werden, bis jeder Teilnehmer einmal an der Reihe war.

06 Now you

▶ Teaching tip Paarbildung

1. Malen Sie ein Strichmännchen mit Fußball und Tor an die Tafel. Geben Sie dem Strichmännchen einen Namen, z. B. Joe, und einen Wohnort, z. B. Fürth.
2. Schreiben Sie *What does (Joe) do?*. Warten Sie kurz auf die Antwort und schreiben Sie *He is a soccer player.* an die Tafel. Fragen Sie weiter *Where does he live?*, deuten Sie auf den Wohnort und wiederholen Sie die Ihnen genannte Antwort *He lives in (Fürth)*.
3. Die Teilnehmer stellen sich gegenseitig Fragen zu den Personen in der Aufgabe und beantworten diese.
4. Stellen Sie abschließend der Klasse die Fragen zu den Personen und stellen Sie gegebenenfalls die Antworten richtig.

Lösung

2 What do Emma and Jack do? They are shop assistants. They live in Sydney.
3 What does Jana do? She is a teacher. She lives in Switzerland.
4 What does Finn do? He is a pilot. He lives in Ireland.
5 What do Lucy and Adam do? They are flight attendants. They live in London.

UNIT 15

07 Dialogue

78

1. Erklären Sie, dass Rosa im Flugzeug Gloria kennenlernt.
2. Die Teilnehmer hören den Dialog einmal, dann ein zweites Mal, und sprechen beim zweiten Mal nach.
3. Schreiben Sie an die Tafel *Is Rosa a secretary?* Warten Sie kurz und schreiben Sie dann die Kurzantwort an die Tafel *Yes, she is*. Um die Struktur der Kurzantwort noch einmal zu verdeutlichen, unterstreichen Sie bei Frage und Antwort das Wort *is*.
4. Schreiben Sie weiter *Does she work in a bank?* und unterstreichen Sie hier das Wort *Does*. Schreiben Sie die Antworten in der Kurzform an: *Yes, she does.* und unterstreichen Sie wieder das Wort *does*.
5. Ihre Teilnehmer finden im Dialog weitere Kurzantworten – *Yes, we do. / No, he doesn't.*

Hinweis
– Lassen Sie das Tafelbild mit *does* stehen und gehen Sie gleich zu Aufgabe 08 über.

08 LANGUAGE

1. Die Teilnehmer lesen sich die *Language Box* durch.
2. Fragen Sie *Does Rosa live in England?* Beginnen Sie mit der Antwort *No, she ...*, damit Ihre Teilnehmer die Kurzantwort selbst ergänzen können.
3. Stellen Sie Ihren Teilnehmern die Fragen aus der *Language Box*. Variieren Sie gegebenenfalls, z. B. *Do your children visit you?* Anstelle von *Do your sons visit you?* und setzen Sie, wo nötig, Namen Ihrer Teilnehmer ein. Die Teilnehmer beantworten die Fragen.

09 Listening

79

1. Lesen Sie die Situation im Buch vor.
2. Bitten Sie einen Ihrer Teilnehmer, die Fragen 1–5 vorzulesen.
3. Spielen Sie die CD ab. Die Teilnehmer hören den Dialog und kreuzen die für sie richtige Lösung an.
4. Stellen Sie der Klasse die Fragen und verbessern Sie evtl. gegebene Antworten.
5. Abschließend können Sie den Dialog noch einmal vorspielen.

Lösung
1 Yes, she does.; 2 Yes, she does.; 3 No, they don't.; 4 Yes, he does.; 5 No, he doesn't.

Transcript

R = Rosa
G = Gloria

79

R What about you, Gloria? Do you live in Kansas?
G No, I don't. I live in Atlanta, Georgia.
R Uh-huh. And are you married?
G Yes, I am. We have three children.
R Do they live with you, or near you?
G Oh no, they're in New York, Boston and Chicago.
R Oh, I see. And does your husband work in Atlanta?
G Yes, he does. He works at the airport.

Consolidation

UNIT 15	CONSOLIDATION

Variante

📄 🕐
15.1

1. Verteilen Sie Kopiervorlage 15.1, eine Kopie pro Teilnehmer.
2. Zunächst sollen Ihre Teilnehmer während des Hörens alle Orte ankreuzen, die im Dialog genannt werden. Spielen Sie die CD ab.
3. Die Teilnehmer schreiben die Orte, die Sie hören konnten, untereinander an die Tafel.

Lösung der Kopiervorlage

Kansas; Atlanta; Georgia; New York; Boston; Chicago

4. Spielen Sie die CD noch einmal ab. Ihre Teilnehmer notieren sich auf der Kopiervorlage, wo die drei Personen – Gloria, Glorias Mann und deren Kindern – wohnen.
5. Ihre Teilnehmer berichten abwechselnd und in ganzen Sätzen, welche Informationen Sie aus dem Text heraushören konnten.
6. Die Teilnehmer kreuzen im Buch die für sie richtigen Kurzantworten an. Zur Überprüfung können Sie die CD noch einmal abspielen.

Lösung der Kopiervorlage

Gloria: Atlanta, Georgia; Husband: Atlanta, Georgia; Children: New York, Boston, Chicago

Hinweis

– Machen Sie bei 4. deutlich, dass die Teilnehmer sich nur Stichpunkte notieren sollen.

10 Practice

🕐

1. Ihre Teilnehmer ergänzen, zunächst jeder für sich, die Kurzantworten der Aufgabe.
2. Zusammen mit ihrem Sitznachbarn stellen sich die Teilnehmer die Fragen und beantworten diese.
3. Abschließend können Sie der Klasse die Fragen stellen und sich zur Kontrolle die Antworten geben lassen.

Lösung

2 Yes, she does.; 3 No, they don't.; 4 No, he doesn't.; 5 Yes, they do.; 6 No, we don't.; 7 Yes, I do. / No, I don't.; 8 Yes, I do. / No, I don't.

UNIT 15

Ideenpool

» **Aufgabe 08**

Diese Übung eignet sich sehr gut für Wiederbeginner.

Berufe raten
1. Schreiben Sie alle Berufe, die die Klasse bereits kennengelernt hat, auf Zettel – eine Berufsbezeichnung pro Zettel.
2. Verteilen Sie die Zettel.
3. Spieler A beginnt und macht eine für den Beruf typische Bewegung.
4. Alle Mitspieler stellen nacheinander Spieler A eine Frage, die man nur mit *Yes* oder *No* beantworten kann, z. B. *Do you cook a lot?*
5. Nach fünf *No*-Antworten bzw. wenn der Beruf erraten wurde, kommt der nächste Spieler an die Reihe.

Hinweise

– Erklären Sie Ihren Teilnehmern, dass sie Fragen mit *be*, *can* oder *do* stellen dürfen. Wichtig ist aber, dass es nur *Yes-No-Questions* sind.
– Achten Sie darauf, dass Spieler A immer nur Kurzantworten verwendet.
– Für jedes *No, I don't. / No, I'm not. / No, I can't.* gibt es für Spieler A einen Punkt. Nach fünf Punkten ist die Runde zu Ende und Spieler A hat gewonnen.
– Bei Kurzantworten mit *Yes* darf der Mitspieler, der an der Reihe war, weiter fragen. Ansonsten darf der nächste Spieler Fragen stellen.

Was habe ich in Unit 11–15 gelernt?

In dieser Rubrik können sich Ihre Teilnehmer selbst testen, ihren Lernstand überprüfen und eventuellen Übungsbedarf herausfinden.
Generell können Sie diese Seite als Hausaufgabe aufgeben und eventuelle Fragen in der darauffolgenden Stunde klären. Die Ergebnisse der einzelnen Teilnehmer können Sie sich zeigen lassen, damit auch Sie selbst einen besseren Überblick haben.
Die Teilnehmer können bei vermehrtem Übungsbedarf die *Extra-Practice*-Seiten nochmals durchgehen und noch offene Übungen nachholen.

Lösung

1 have; 2 meal; 3 do; 4 free; 5 do; 6 interesting; 7 don't; 8 much; 9 costs; 10 for; 11 size; 12 son; 13 doesn't; 14 lives; 15 Where; 16 see; 17 him; 18 does; 19 do

Consolidation

| VIDEO SUGGESTIONS | FILM 9 – LIVERPOOL: CAPITAL OF CULTURE |

Es gibt verschiedene Einsatzmöglichkeiten für Videos im Unterricht – für langsamere und schnellere Gruppen, für absolute Anfänger und auch für Wiedereinsteiger. Es gibt englische Untertitel für das vollständige Video und deutsche Untertitel für die *Voice-Over-Parts*. Alle Videos haben eine Länge von 3,5 bis 4,5 Minuten. Nachfolgend finden Sie eine Idee für den Einsatz im Unterricht.

1. Erklären Sie Ihren Teilnehmern, dass sie ein Video über Liverpool sehen werden.
2. Bitten Sie die Teilnehmer zu zählen, wie viele Statuen/Denkmäler und Figuren sie sehen können. Zeigen Sie das Video (Film 9) ohne Untertitel.
3. Die Teilnehmer nennen Ihnen die Anzahl der Statuen: im Vordergrund ca. elf.
4. Schreiben Sie *What can you see/do in Liverpool?* an die Tafel. Zeigen Sie das Video mit englischen Untertiteln.
5. Die Teilnehmer nennen Ihnen die Sehenswürdigkeiten und Aktivitäten. Sie können diese an die Tafel schreiben.
6. Da die Teilnehmer sicher nicht alles auf einmal aufnehmen konnten, spielen Sie zur Kontrolle das Video noch einmal mit englischen Untertiteln ab. Die Teilnehmer ergänzen die Lösungen an der Tafel.

Lösung

mögliche Antworten: *many art galleries, old buildings, gardens, River Mersey, modern museum, Albert Dock, old boats, the Tate Liverpool, big wheel, Duck Tour/boat tour, theatres, cinemas, Liverpool One-the shopping centre, parks, take a bus-hop on, hop off, train station*

7. Bitten Sie die Teilnehmer, Informationen zu Öffnungszeiten und Preisen vom *Museum of Liverpool* und *Tate Liverpool* herauszufinden. Spielen Sie das Video noch einmal ab – ohne Untertitel.
8. Die Teilnehmer nennen Ihnen ihre Lösungen. Schreiben Sie diese an der Tafel mit.

Lösung

Museum of Liverpool: free, open every day from ten to five
Tate Liverpool: free, open every day from ten to half past five

9. Schreiben Sie an die Tafel: *You are in Liverpool. What do you do?* und darunter *What about …? Yes, nice/good idea! No, … Interesting, but …* In kleinen Gruppen überlegen die Teilnehmer, was sie in Liverpool unternehmen möchten, und machen sich gegenseitig Vorschläge. Die Sehenswürdigkeiten und Aktivitäten an der Tafel erleichtern die Auswahl. Gehen Sie umher und helfen Sie, wenn nötig.
10. Anschließend können die Teilnehmer ihre Wunschaktivitäten an der Tafel unterstreichen – in unterschiedlichen Farben. Wo gibt es Gemeinsamkeiten? *Group 1 (red) goes to the modern museum and Group 2 (brown) too.*
11. Abschließend können Sie das Video noch einmal abspielen. Ob mit oder ohne Untertitel entscheidet die Gruppe.

Hinweis

– Ihre Teilnehmer können sich zu Hause das Video nochmals ansehen, die Aufgaben im Buch auf Seite 137 dazu lösen und mit dem Lösungsschlüssel auf Seite 166 selbst kontrollieren.

KOPIERVORLAGE 1.1 — WHERE ARE YOU FROM?

zu Aufgabe 05

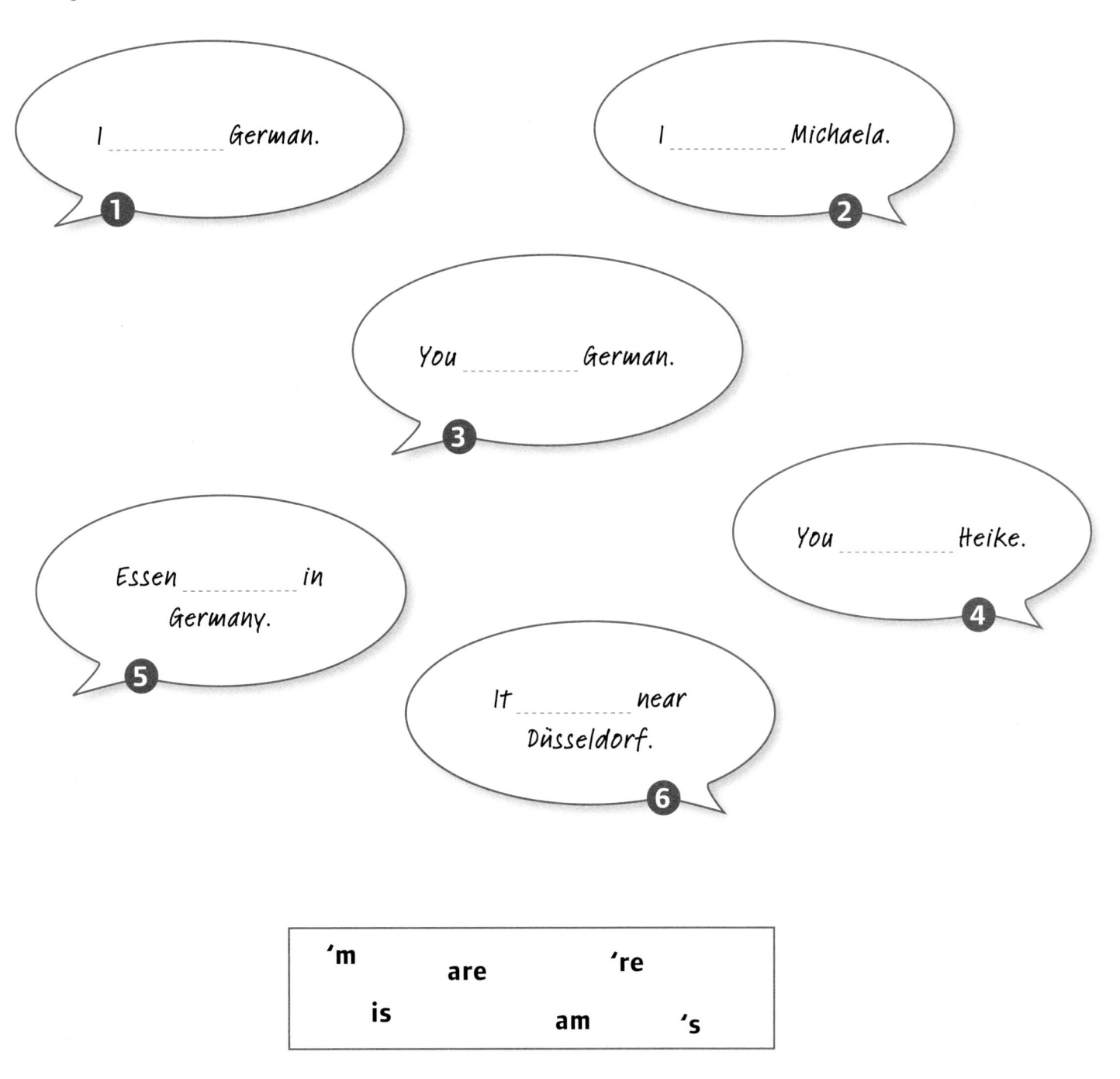

1. I _____ German.

2. I _____ Michaela.

3. You _____ German.

4. You _____ Heike.

5. Essen _____ in Germany.

6. It _____ near Düsseldorf.

| 'm | are | 're |
| is | am | 's |

And where are you from?

Good to meet you!

KOPIERVORLAGE 1.2 **MY NAME IS ...**

zu Aufgabe 11

My name _____ .
I _____ from _____ .
It _____ near _____ .

My name _____ .
I _____ from _____ .
It _____ near _____ .

My name _____ .
I _____ from _____ .
It _____ near _____ .

My name _____ .
I _____ from _____ .
It _____ near _____ .

My name _____ .
I _____ from _____ .
It _____ near _____ .

My name _____ .
I _____ from _____ .
It _____ near _____ .

My name _____ .
I _____ from _____ .
It _____ near _____ .

My name _____ .
I _____ from _____ .
It _____ near _____ .

KOPIERVORLAGE 2.1 — AIRPORT WORDS

zu Aufgabe 01 - Variante

1 airport **6** gate **11** restaurant

2 book shop **7** hotel **12** taxi

3 café **8** information **13** toilet

4 car park **9** lift **a** P

5 check-in **10** pub

b (information icon) **c** (taxi icon) **d** (airplane icon) **e** (cocktail icon)

f A17 **g** (lift icon) **h** (bed icon) **i** (coffee cup icon)

j (toilet icon) **k** (book icon) **l** (check-in icon) **m** (fork and knife icon)

This is …

KOPIERVORLAGE 2.2 — WHERE ARE YOU?

zu Aufgabe 11

1. at
2. at
3. in
4. in
5. at
6. in
7. in
8. in
9. at
10. at
11. in

120 This is …

KOPIERVORLAGE 3.1 — HERE YOU ARE

zu Starter / Aufgabe 02 / Aufgabe 03

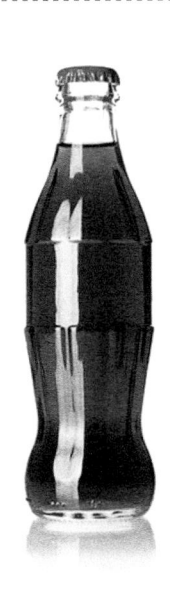

121 Cheers!

KOPIERVORLAGE 3.2　　　ARE THEY FROM GERMANY?

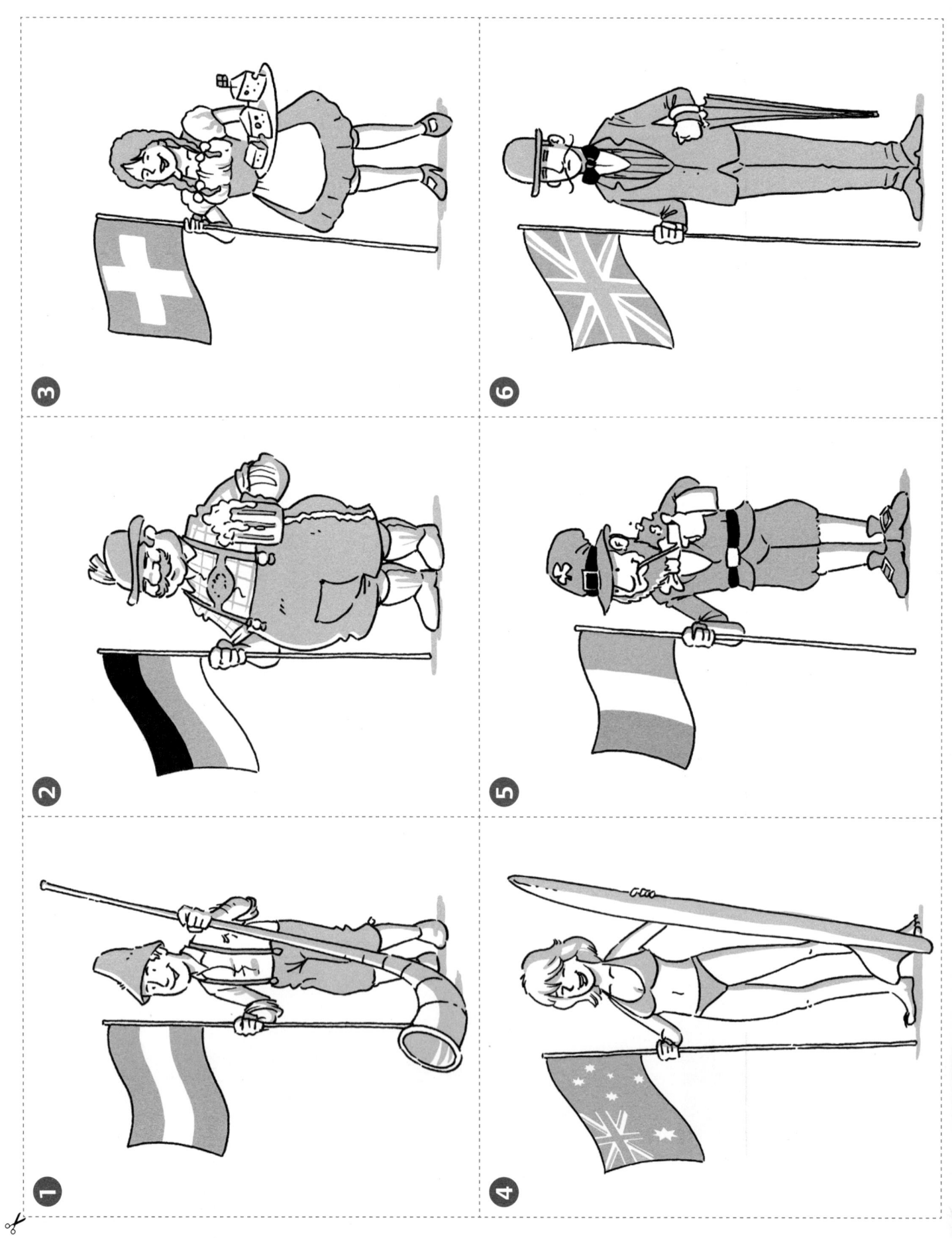

Ideenpool, nach Aufgabe 12

KOPIERVORLAGE 4.1   CAFÉ WORDS

zu Aufgabe 01

123   An espresso, please

KOPIERVORLAGE 4.2 — I'M HUNGRY

zu Aufgabe 02

1. Finden Sie die Getränke und Snacks in der Wortschlange.
2. Was wird nicht bestellt?

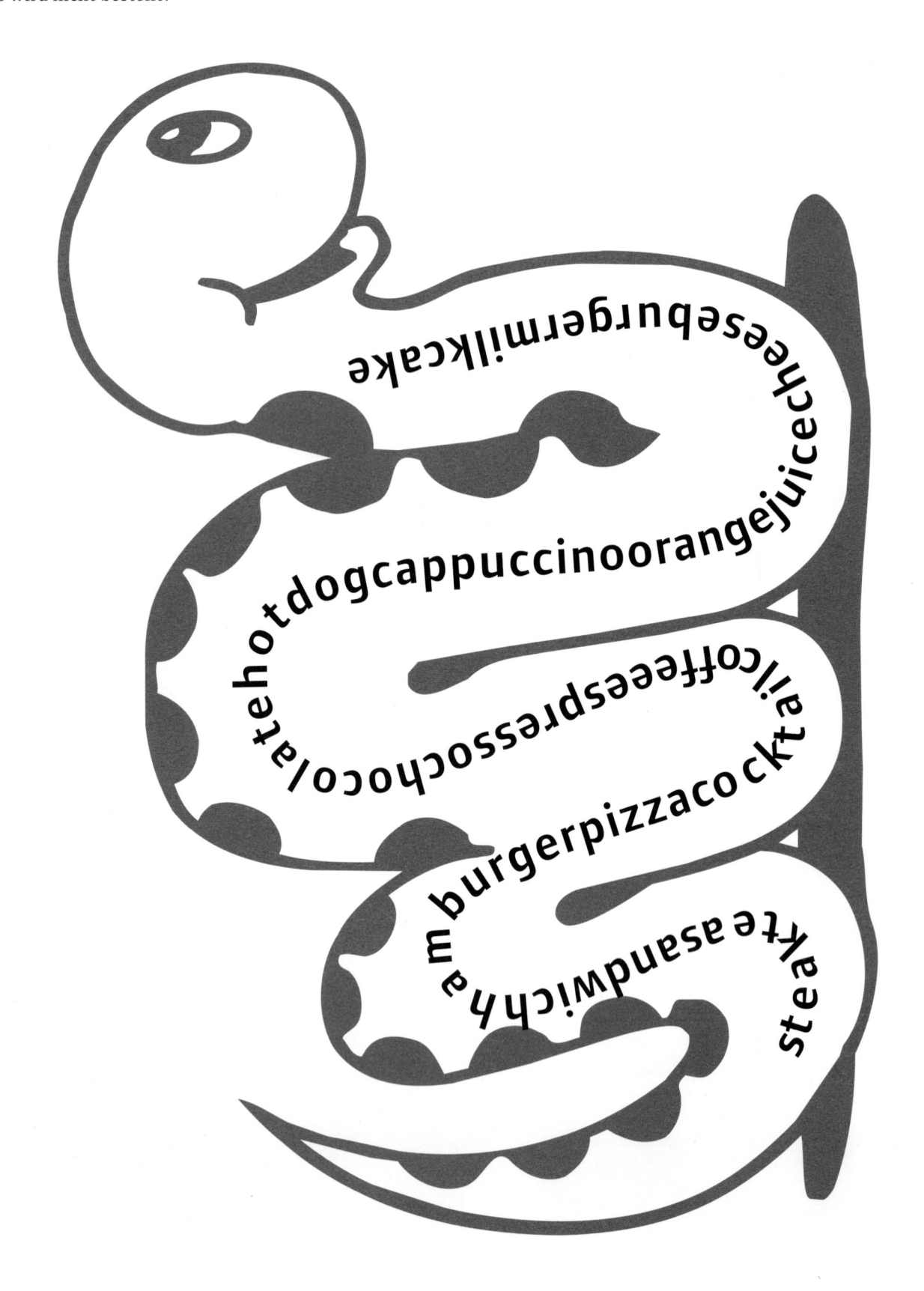

hotdogcappuccinoorangejuicecheeseburgermilkcakelatehotdogcappuccinoorangejuicecheeseburgermilkcake

(Wortschlange: hotdog – cappuccino – orangejuice – cheeseburger – milk – cake – latte – coffee – espresso – chocolate – cocktail – pizza – burger – ham – sandwich – steak)

KOPIERVORLAGE 5.1 | **MATCH THE FLAGS**

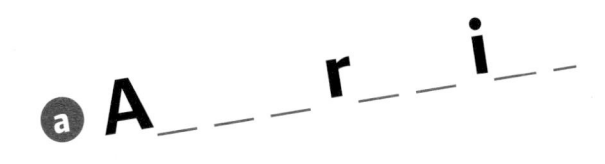

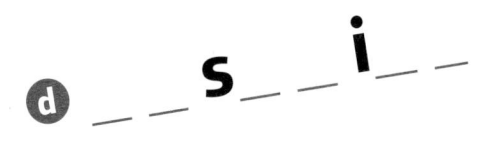

zu Aufgabe 03

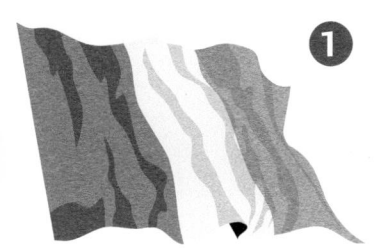

1.

2.

3.

4.

5.

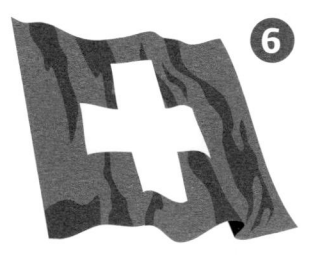

6.

a) A _ _ r _ i _

b) _ e _ _ a _

c) I _ _ s _

d) _ _ s _ i _ _

e) _ wi _ _

f) B _ _ t _ _ h

125 Consolidation

KOPIERVORLAGE 6.1 — PHONE NUMBERS

zu Aufgabe 02

A	B
oh-one-five-one one-double seven-eight- five-two-one-three	0151 17785213
zero-zero-one nine-zero-five five-six-five four-two-one-five	001 905 565 4215
zero-zero-one four-one-six five-three-eight eight-six-six-eight	001 416 538 8668
oh-oh-four-four one-five-nine-two seven-five-eight-double six-seven	0044 1592 758667
oh-oh-three-one six-five-one-seven-two- eight-four-nine-eight	0031 65172 8498
oh-nine-double one nine-four-six-nine-double seven-two	0911 9469772
oh-oh-four-four two-oh seven-double three-two one-four-five-six	0044 20 7332 1456 Tourist Information
oh-oh-four-four one-six-double two seven-six-five-four-double oh	0044 1622 765400 Leeds Castle

126   Let's keep in touch

KOPIERVORLAGE 6.2 — ALPHABET BINGO

Ideenpool nach Aufgabe 09

1

A	C	O	K
Y	B	M	Q
D	F	E	X
H	J	T	V

2

D	F	L	N
C	E	T	V
B	G	X	Z
I	K	P	R

3

G	I	P	R
H	J	T	V
B	D	Y	Z
F	M	L	N

4

K	M	A	S
L	N	G	U
B	D	Q	Y
F	P	H	J

5

O	R	I	L
P	Q	N	T
A	C	U	W
H	J	D	F

6

T	W	E	L
S	U	M	P
A	D	X	Z
F	I	Z	B

7

Y	A	B	F
W	Z	J	N
C	E	P	S
H	K	V	X

8

C	E	Q	H
A	Z	D	O
G	J	V	Y
L	N	R	T

9

G	I	K	R
X	V	S	Z
A	C	Y	E
E	G	N	P

10

K	M	B	D
T	R	H	N
A	C	P	X
E	G	J	L

11

O	Q	A	C
P	N	E	M
B	D	S	V
I	K	F	H

12

S	U	P	T
L	I	W	Y
E	G	A	Z
K	N	B	D

13

W	Y	K	M
H	J	P	Q
A	C	V	F
E	G	X	Z

14

B	D	P	R
E	G	T	Y
I	K	A	H
M	O	U	W

15

F	H	O	W
A	C	Y	B
J	L	E	R
N	U	Q	S

16

J	L	Z	X
A	C	W	T
E	G	B	F
Q	S	M	O

A B C D E F G H I J K L M N O P Q R S T U V W X Y Z

Let's keep in touch

KOPIERVORLAGE 7.1 — AT THE AIRPORT

zu Aufgabe 05

1. credit card
2. boarding time
3. flight number
4. passport number
5. seat number
6. gate number
7. shop assistant
8. duty free

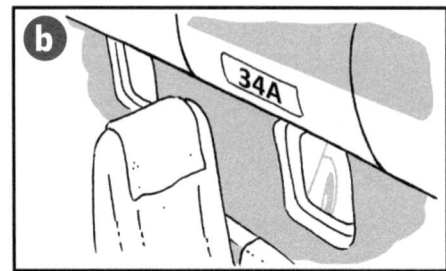

Have a good flight!

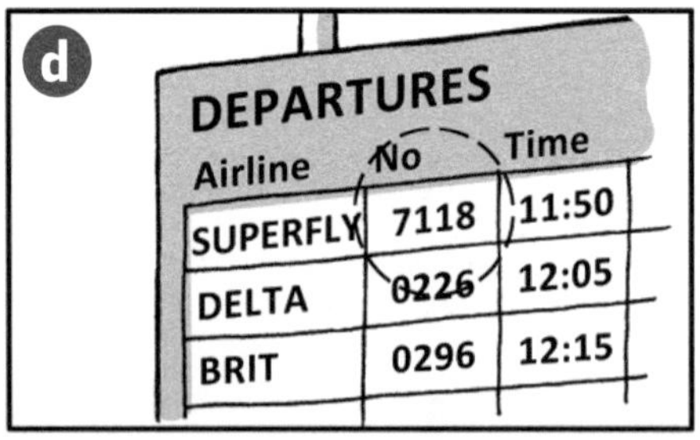

KOPIERVORLAGE 7.2 — SMALL-TALK MEMORY

Ideenpool, nach Aufgabe 04/11

A: Hello, I'm Alexandra.	B: Nice to meet you!	A: Can you spell your name?	B: Yes, it's N-A-O-M-I.
A: How are you?	B: I'm fine, thanks.	A: An espresso, please.	B: Here you are.
A: A beer?	B: Yes, please.	A: Nice day today!	B: Yes, it's nice!
A: I'm sorry.	B: That's all right.	A: Thank you very much.	B: You're welcome.
A: Can you sign here, please?	B: Of course.	A: What's his name?	B: I'm not sure.

Have a good flight!

KOPIERVORLAGE 8.1 TWO TOWNS

zu Aufgabe 03, 04, 06

What's the town like?

KOPIERVORLAGE 8.2 — BRIGHTON, CANTERBURY OR LEEDS CASTLE?

zu Ideenpool, nach Aufgabe 11

Come to Brighton! There are nice hotels, one with a swimming pool. In Brighton there is a theatre, a cinema and there are many nice pubs.

Visit Canterbury! It's an old town with a great cathedral, many shops and shopping centres. There are buses and trains to Canterbury.

See Leeds Castle! There is a great castle and a big park. And there is a shop and a café.

- Are there many _____?
- I like _____ There is _____.
- Me too, but _____ is better.
- Oh, but there isn't a _____.
- Leeds Castle is good.
- So, Brighton or _____?
- We like _____ There are _____.

What's the town like?

KOPIERVORLAGE 9.1 — A POSTCARD FROM LIVERPOOL

zu Aufgabe 02

Dear Monika

Hello from Liverpool – it's a _____¹ place! There are _____² cathedrals, and good art galleries too. There's a Beatles _____³ and you can visit John Lennon's old home. You can _____⁴ for a walk in the park or on the _____⁵. You can take a _____⁶ and go on a city tour. You can't see it all in one day – it's a _____⁷ city. And the people from _____⁸ are very friendly, but I can't always understand their _____⁹!

Best wishes

Heike

Monika Seifert
Heinihalde 5
5454 Bellikon
Switzerland

It's a great place!

Ideenpool, nach Aufgabe 09

25-4	38+5	41-4	77-7
99-5	78+2	36-1	12+15
55-3	61+4	10+35	5+28
47+9	51+7	74+6	83+3
58-6	67-3	84-14	98-1
65+2	15+5	8+52	3+33
44+9	95+2	22+6	100-50
19-8	100-5	25+14	86-2
21+9	55-22	36+3	24+24

KOPIERVORLAGE 10.1   LONDON SIGHTS

zu Aufgabe 10

Sie planen einen Ausflug nach London. Da Sie sehr früh ankommen, möchten Sie bei der Ankunft erst einmal gemütlich frühstücken. Ihr Flug zurück geht um 22.30 Uhr. Sie möchten so viel wie möglich von London sehen und natürlich auch typisches Essen genießen, Tee trinken etc. Vergessen Sie nicht, auch Souvenirs einzukaufen!
Planen Sie Ihren Tag! Versuchen Sie möglichst viel Englisch zu sprechen :-)

What about …? We can go/visit … Where is it? What time …? Great! Good idea!

Tower of London
Tower Hill, London EC3
Tel: 0844 482 7777
Opening Times:
Tuesday to Saturday: 09:00–5:30
Sunday & Monday: 10:00–5:30

The Orangery
Kensington Palace Gardens
London W8
Opening Times:
Monday–Sunday, 10:00–5:00 pm

The Tower Bridge Exhibition
London SE1
Tel: 020 7403 3761
Opening Times: 10:00 – 06:00 pm

Ye Olde Cheshire Cheese
145 Fleet Street, The City,
London, EC4A 2BU
Pubs are open:
11.00–23.00 Monday to Saturday,
and 12.00–22.30 on Sundays.

Westminster Abbey
London SW1P 3PA
Tel: 020 7222 5152
Opening Times:
Monday to Friday: 09:30–16:30
Saturday: 09:30–14:30 Closed: Sundays

The London Eye
Riverside Building, County Hall,
Westminster Bridge Road,
London, SE1 7PB
Monday to Sunday 10:00–09.00 pm

St Paul's Cathedral
St Paul's Churchyard
London EC4
Tel: 020 7236 4128
Opening Times:
Monday to Saturday: 08.30–16.30

Hyde Park
Hyde Park, London,
W2 2UH
Open Mon-Sun
from 05:00–12.00

The National Gallery
Trafalgar Square
London WC2N 5DN
Tel: 020 7747 2885
Opening Times: Monday to Thursday:
10:00–06:00 pm, Friday: 10:00–04.00 pm

Harrods
87–135 Brompton Road,
Knightsbridge,
SW1X 7XL
Opening times:
Monday–Saturday 10:00 - 20:00, Sunday 11:30–18:00

Free Wembley Stadium Tour
Wembley
London HA9 0WS
Tel: 0844 980 8001 or
0844 800 2755

Opening Times:
Tours (Mon-Sun):
10:00, 11:00, 12:00, 13:00,
14:00, 15:00 and 16:00

Portobello Road Market
Portobello Road, 72 Tavistock Road,
London, W11 1AN
Opening times:
08:00–18:30 Monday, Tuesday, Wednesday and Friday
Thursday: 08:00–13:00, Saturday: 08:00–18:30

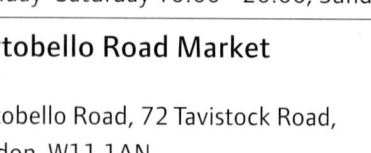

KOPIERVORLAGE 11.1   I DON'T LIKE IT!

zu Aufgabe 07

135   Enjoy your meal!

KOPIERVORLAGE 11.2 — WHAT ABOUT YOU?

Ideenpool, nach Aufgabe 05

do / drink / eat / like / not / hot

chocolate, hot, tea, black, hotels, purple, fish, cafés, white, milk, meat, coffee, soup, juice, cake, gardens, wine, trains, red, cheese, pubs, great, Monday, places, Sunday, brown, beer, snacks, taxis, orange, water, chips, beef

136 Enjoy your meal!

KOPIERVORLAGE 12.1	FREE TIME		

Aufgabe 01

		do gardening	do yoga
go dancing	go walking	go swimming	go to the theatre
go to the cinema	meet friends	play tennis	watch TV

137   I sing in the bath

| | KOPIERVORLAGE 12.2 | THAT'S INTERESTING | |

Ideenpool, nach Aufgabe 08

Bilden Sie einen Dialog und benutzen Sie so viele Sätze, wie möglich.

Hi, my name's Maria.	Nice to meet you. I'm Andrea.	Nice to meet you, too. How are you?	Fine, thanks. And you?
I'm fine, too.	What do you do in your free time?	I go shopping. And you?	I read books.
Oh. I don't read books.	Really? So, when do you go shopping?	On Wednesday and Saturday.	That's nice ... And where?
I go shopping in the city centre.	That's interesting. Are there many shops?	Yes, there are!	Great!

I sing in the bath

KOPIERVORLAGE 13.1 — EAT, SING AND DANCE

Ideenpool, nach Aufgabe 08

	you	partner 1	partner 2
like			
love			
drink			
visit			
eat			
sing			
dance			
live			

KOPIERVORLAGE 13.2 — THAT'S PERFECT!

Ideenpool, nach Aufgabe 11

sweater   perfect   British food   old

chocolate   hot   present

traditional   breakfast   big   good

shirt   mobile phone

lovely   coffee   interesting   modern   car

How much is it?

KOPIERVORLAGE 14.1 — **MY FAMILY**

zu Aufgabe 02

Teilnehmer A

Jane, Jennifer, Julie, Jill, John, Jeremy, Jason, Jamie, Jake

You: Sissi and Sheila are my sisters. My brother is Simon. Sally is my grandmother and Sam is my grandfather. My father is Solomon and Sunny is my mother. Shannon and Samantha are my daughters and Samuel is my son.

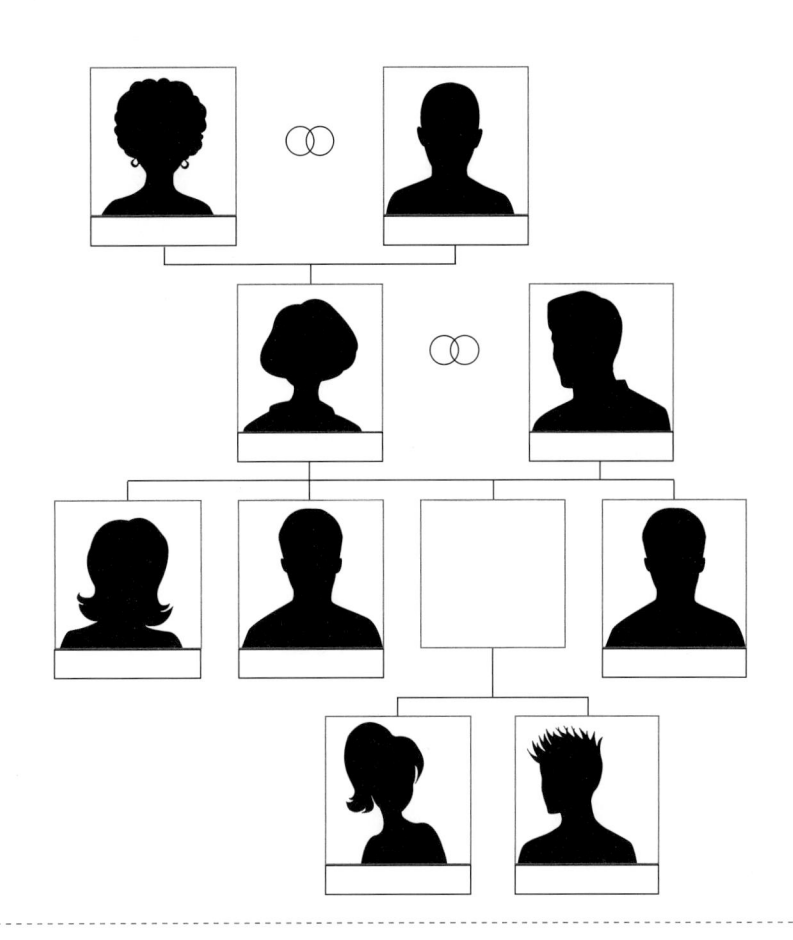

Teilnehmer B

Sissi, Sheila, Sally, Sunny, Shannon, Samantha, Simon, Sam, Solomon, Samuel

You: Jane is my mother, John is my father. My grandfather is Jeremy and my grandmother is Julie. Jason and Jamie are my brothers and my sister is Jill. Jennifer is my daughter and my son is Jake.

Where does she live?

KOPIERVORLAGE 14.2 — WHO AM I?

Ideenpool, nach Aufgabe 03

pilot

astronaut

shop assistant

cook

policeman

barman

flight attendant

soccer player

Where does she live?

KOPIERVORLAGE 15.1   GLORIA

zu Aufgabe 09

1. Kreisen Sie die Angaben ein, die im Hörtext vorkommen:

Warrington   **Thunder Bay**   **Chimayo**

Boston   **Liverpool**   **Chicago**

Walla Walla   **Newton**   **America**

New York

Seattle

Georgetown   **Georgia**

Canada   **Kansas**

Atlanta

2. Wo wohnen die folgenden Personen? Notieren Sie.

Gloria: _____

Husband: _____

Children: _____

Consolidation

BILDQUELLENVERZEICHNIS

Bildquellen

Cover: Gettyimages, Antonio M. Rosario | **S. 119:** Shutterstock, xiver (11); Fotolia, cidepix | **S. 120:** links: © Quattro a/v group; Fotolia, Monkey Business (2); Fotolia, Frédéric Prochasson; iStockphoto, Elena Elisseeva; rechts: Fotolia, moonrun; Fotolia, contrastwerkstatt; © Quattro a/v group (2); Shutterstock, Brian A Jackson; © Quattro a/v group | **S. 121:** links: Fotolia, Günter Menzl; Fotolia, dkimages; Fotolia, karandaev; rechts: Fotolia, Beboy; Fotolia, Julián Rovagnati; Fotolia, Yamix | **S.123:** links: Fotolia, nachbelichtet; Fotolia, Ben; Fotolia, luchshen; Shutterstock, Mikos; rechts: Digital Stock, M. Nematollahi; Fotolia, Elena Moiseeva; Fotolia, tomas del amo; Fotolia, Denis Pepin | **S.124:** Sabine Theuring | **S. 125:** Sabine Theuring (6) | **S. 126:** Sabine Theuring (6) | **S. 131:** Shutterstock, Mitotico; © Quattro a/v group; Shutterstock, Pawel Kowalczyk | **S. 132:** © Quattro a/v group | **S. 134:** links: iStockphoto, PeskyMonkey; Shutterstock, Qing Ding; Shutterstock, r nagy; iStockphoto, Chris Mansfield; Shutterstock, cristapper; Shutterstock, Chunni4691; rechts: Shutterstock, hipproductions; Alamy, Deborah Harmes; iStockphoto, PeskyMonkey; iStockphoto, Alfredo Ragazzoni; Shutterstock, Bikeworldtravel (2) | **S. 135:** links: Fotolia, Brad Pict; Fotolia, Designer_Andrea; Fotolia, Denis Pepin; Shutterstock, rng; rechts: Fotolia, seen; Fotolia, luchshen; Shutterstock, Bakelyt; Shutterstock, steamroller_blues | **S. 137:** Fotolia, Barbara Helgason; Fotolia, diego cervo; Fotolia, Carlos Santa Maria; Fotolia, Monkey Business; iStockphoto, Noraznen Azit; iStockphoto, Michael Krinke; iStockphoto, Oktay Ortakcioglu; iStockphoto, Photolyric; Shutterstock, Deklofenak; Shutterstock, l i g h t p o e t | **S. 141:** Fotolia, nataliasheinkin (19) | **S. 142:** Fotolia, argentum; Fotolia, Hugues ARGENCE; Shutterstock, Remzi; iStockphoto, Jacom Stephens; Shutterstock, sjeacle; © Quattro a/v group; Shutterstock, Luna Vandoorne; Fotolia, mirpic